Seminar-, Bachelor- und Masterarbeit für Betriebswirte

Arbeiten mit Citavi und Word 2013

„Wenn der Bauer nicht schwimmen kann, ist die Badehose schuld."

Michael Hänle

Mechtild Becker

Seminar-, Bachelor- und Masterarbeit für Betriebswirte

Arbeiten mit Citavi und Word 2013

Bibliografische Information der Deutschen Nationalbibliothek:
Die Deutsche Nationalbibliothek verzeichnet diese Publikation in der Deutschen
Nationalbibliografie; detaillierte bibliografische Daten sind im Internet über
http://dnb.dnb.de abrufbar.

© 2017 Michael Hänle und Mechtild Becker
Alle Rechte liegen bei den Autoren

Herstellung und Verlag: BoD - Books on Demand, Norderstedt

ISBN: 978-3-7431-4875-8

Vorwort

Ausgehend von unseren Erfahrungen an der Hochschule Kempten haben wir uns entschlossen, für unsere Studierenden einen geeigneten Ratgeber für das Erstellen einer wissenschaftlichen Arbeit an der Fakultät Betriebswirtschaft zu erstellen. Diese Ausführungen können durch entsprechende Anpassungen auch für Studierende anderer Fakultäten bzw. Hochschulen nützlich sein.

Im Laufe des Studiums müssen in der Regel mindestens eine Seminararbeit, ein Praxis- und Research Projekt sowie eine Bachelorarbeit verfasst werden. Wer sich die Mühe macht und sich in die Literaturverwaltung Citavi und die Textverarbeitung Word einarbeitet, kann im Laufe dieser Arbeiten sehr viel Zeit sparen und eine höhere Qualität herstellen.

In dem Ratgeber machen die beiden Dozenten konkrete Vorgaben für die Erstellung einer wissenschaftlichen Arbeit. Eine Anleitung zur Nutzung der Literaturverwaltung Citavi sowie die Anwendung zahlreicher Funktionen erleichtern die Erstellung und Formatierung der Arbeit mit der Textverarbeitung Word. Durch den effizienten Einsatz der Techniken bleibt für den Studierenden mehr Zeit, sich um die Recherche und Aufbereitung der Daten zu kümmern und vor allem sich intensiver mit dem Verfassen der Texte zu beschäftigen.

In diesem Buch wird die männliche Form der Anrede verwendet („der Leser" statt „der/die Leser(in)", „die/der LeserIn" oder exklusiv „die Leserin"). Allen Leserinnen sei versichert, dass dies allein aus Gründen der besseren Lesbarkeit geschieht. Alle Inhalte sind vorbehaltlos weiblichen wie männlichen Lesern gewidmet.

Wir wünschen unseren Lesern viel Erfolg bei der Erstellung ihrer wissenschaftlichen Arbeiten und würden uns über konstruktive Kritik für die künftige Weiterentwicklung des Ratgebers freuen.

März 2017
Michael Hänle
Mechtild Becker

Inhaltsverzeichnis

Seite

Vorwort .... **V**

Abbildungsverzeichnis .... **IX**

Tabellenverzeichnis .... **XI**

1 Formvorschriften 1
    1.1 Layout 1
        1.1.1 Seitengestaltung 1
        1.1.2 Paginierung 3
        1.1.3 Darstellungen 3
    1.2 Bestandteile der wissenschaftlichen Arbeit 5
        1.2.1 Titelblatt 6
        1.2.2 Inhaltsverzeichnis 7
        1.2.3 Abbildungs- und Tabellenverzeichnis 9
        1.2.4 Text 9
        1.2.5 Anhang 10
        1.2.6 Literaturverzeichnis 11
        1.2.7 Eidesstattliche Erklärung 15
        1.2.8 Digitale Version 15
    1.3 Zitierweise 16
        1.3.1 Direktes Zitat 16
        1.3.2 Indirektes Zitat 18
        1.3.3 Sekundärzitat 19
        1.3.4 Anmerkungen 19
    1.4 Schreibstil 20

2 Citavi 23
    2.1 Installation der Softwarekomponenten 23
        2.1.1 Citavi 23
        2.1.2 Citavi-Add-In für Word 27
        2.1.3 Picker 27
    2.2 Arbeiten mit Citavi 28
        2.2.1 Projekt 28
        2.2.2 Literaturverwaltung 30
        2.2.3 Zitationsstil 33

3 Word **35**
    3.1   Einführende Überlegungen 35
    3.2   Wordumgebung einrichten 36
        3.2.1   Symbolleiste für den Schnellzugriff 36
        3.2.2   Druckerauswahl 38
        3.2.3   Lineal 38
        3.2.4   Statuszeile 38
        3.2.5   Formatvorlagenbereich 39
        3.2.6   Rechtschreibung und Silbentrennung 40
        3.2.7   Feldfunktionen 41
        3.2.8   Citavi-Add-In 41
    3.3   Arbeiten mit Word 43
        3.3.1   Neues Dokument 43
        3.3.2   Standardschrift und Standardabsatz 44
        3.3.3   Seitenumbrüche und Seitenzahlen 45
        3.3.4   Abschnittswechsel 49
        3.3.5   Textteil 52
        3.3.6   Überschriftennummerierung und Inhaltsverzeichnis 53
        3.3.7   Abbildungs- und Tabellenverzeichnis 58
        3.3.8   Fußnote 62
        3.3.9   Quellenangabe bei Abbildungen und Tabellen 64
        3.3.10 Silbentrennung und Rechtschreibung 65
        3.3.11 Literaturverzeichnis 68
        3.3.12 Ausdruck und Speicherung 68

Stichwortverzeichnis **69**

Abbildungsverzeichnis

Seite

Abb. 1:	Beschreibbare Fläche einer DIN A4-Seite	2
Abb. 2:	Quellenangabe für eingescannte Abbildung	4
Abb. 3:	Quellenangabe für eigene Abbildung mit fremden Daten	4
Abb. 4:	Bestandteile der wissenschaftlichen Arbeit	5
Abb. 5:	Titelblatt für Seminararbeit	6
Abb. 6:	Titelblatt für Bachelorarbeit	7
Abb. 7:	Inhaltsverzeichnis	8
Abb. 8:	Abbildungs- und Tabellenverzeichnis	9
Abb. 9:	Literaturverzeichnis	14
Abb. 10:	Direktes Zitat aus einem Buch	16
Abb. 11:	Direkte Zitate aus Internetquellen	17
Abb. 12:	Indirektes Zitat aus einem Buch	18
Abb. 13:	Indirektes Zitat aus einer Internetquelle	18
Abb. 14:	Download von Citavi	23
Abb. 15:	Campuslizenz für die Hochschule Kempten	24
Abb. 16:	Citavi-Campuslizenz für Studierende	24
Abb. 17:	Citavi-Login	25
Abb. 18:	Citavi-Account	25
Abb. 19:	Lizenzdaten in Citavi	26
Abb. 20:	Eingabe der Lizenzdaten	26
Abb. 21:	Citavi Add-In in Word	27
Abb. 22:	Pickersymbol auf der Amazon-Webseite	27
Abb. 23:	Citavi-Picker-Menü im PDF-Dokument	28
Abb. 24:	Neues Citavi-Projekt anlegen	28
Abb. 25:	Projektnamen festlegen	29
Abb. 26:	Benutzeroberfläche von Citavi	30
Abb. 27:	Auswahlmenü für Titel	30
Abb. 28:	Erfassungsmaske für ein Buch	31
Abb. 29:	Titelrecherche mit ISBN	32
Abb. 30:	Titelangaben	32
Abb. 31:	Zitationsstil wechseln	33
Abb. 32:	Zitationsstil suchen und hinzufügen	34
Abb. 33:	Menü – Symbolleiste für den Schnellzugriff anpassen	37
Abb. 34:	Symbolleiste für den Schnellzugriff anpassen	37
Abb. 35:	Formatvorlagenbereich in der Entwurfsansicht	39

Abb. 36:	Einstellung für den Formatvorlagenbereich	39
Abb. 37:	Optionen für Rechtschreibung und Grammatik	40
Abb. 38:	Verknüpfung mit Citavi-Projekt	41
Abb. 39:	Verknüpfung Word-Dokument mit Projekt „Seminararbeit"	42
Abb. 40:	Einstellungen für Seitenränder und Layout	43
Abb. 41:	Abstandseinstellungen für den Standardabsatz	44
Abb. 42:	Formatvorlage für Standard festlegen	45
Abb. 43:	Seitenzahl für die Kopfzeile	46
Abb. 44:	Beispieldokument mit den Seiten 1-4	47
Abb. 45:	Beispieldokument mit den Seiten 5-7	48
Abb. 46:	Abschnittswechsel auf der nächsten Seite	49
Abb. 47:	Seitenzahlenformat ändern	50
Abb. 48:	Fehlende Seitenzahl im zweiten Abschnitt	50
Abb. 49:	Beginn der Seitennummerierung definieren	51
Abb. 50:	Abschnittswechsel und arabische Nummerierung im Textteil	51
Abb. 51:	Erweiterter Textteil	52
Abb. 52:	Feld mit Eigenschaften und Optionen einfügen	54
Abb. 53:	Überschriften mit Nummerierung	55
Abb. 54:	Inhaltsverzeichnis konfigurieren	56
Abb. 55:	Inhaltsverzeichnis mit abgestufter Gliederung	56
Abb. 56:	Aktualisierung des Inhaltsverzeichnisses	58
Abb. 57:	Beschriftung festlegen	58
Abb. 58:	Beschriftung hinzufügen	59
Abb. 59:	Beschriftung mit Quellenangabe	60
Abb. 60:	Einfügen des Abbildungsverzeichnisses	61
Abb. 61:	Abbildungsverzeichnis und Tabellenverzeichnis	62
Abb. 62:	Citavi Aufgabenbereich	63
Abb. 63:	Fußnote mit Optionen einfügen	63
Abb. 64:	Quellenangabe für eingescannte Abbildung	64
Abb. 65:	Quellenangabe für selbsterstellte Abbildung mit fremden Daten	65
Abb. 66:	Einstellungen für die Silbentrennung	66
Abb. 67:	Trennvorschlag bei der manuellen Silbentrennung	66
Abb. 68:	Rechtschreibkorrektur mit rechter Maustaste	67

Tabellenverzeichnis

Seite

Tab. 1:	Befehle für den Schnellzugriff	36
Tab. 2:	Notwendige Feldfunktionen	41
Tab. 3:	Überschriftenformate	53
Tab. 4:	Absatzformatierungen für die Verzeichnisse 1 bis 3	57

1 Formvorschriften

Die Erfahrungen an der Hochschule Kempten (Allgäu) haben gezeigt, dass unter den Studierenden große Unsicherheiten bezüglich der äußerlichen Form einer wissenschaftlichen Arbeit bestehen. Dies ist zum einen in den unterschiedlichen Voraussetzungen der Kandidaten und zum anderen in den variierenden Anforderungen der jeweiligen Professoren begründet. Das vorliegende Vademecum dient nunmehr als verlässliche Hilfe bei der Erstellung wissenschaftlicher Arbeiten an der betriebswirtschaftlichen Fakultät der Hochschule Kempten.

1.1 Layout

Beim Layout ist auf eine gute Lesbarkeit und eine ansprechende Gestaltung zu achten. Abweichungen von den Formvorschriften führen regelmäßig zu einem Abschlag in der Bewertung. Hier kann der Kandidat bereits anhand des äußeren Erscheinungsbildes seiner Arbeit zeigen, dass ihm eine sorgfältige Vorgehensweise wichtig ist. Auch wird der Prüfer, beabsichtigt oder nicht, Rückschlüsse von der äußeren Form auf den Inhalt ziehen.

1.1.1 Seitengestaltung

Grundsätzlich ist Papier im Format DIN A4 zu verwenden.

Für den laufenden Text (Standardtext) ist die Schriftart Arial mit dem Schriftgrad 11 Pt. und der Schriftfarbe schwarz bei einem Zeilenabstand von 1,5 Zeilen zu verwenden. Dieser wird im Blocksatz gesetzt. Überschriften werden generell in Schriftart Arial mit dem Schriftgrad 11 Pt. fett geschrieben und stehen immer linksbündig. Die Ausnahme bilden die Überschriften der Hauptkapitel (1, 2, 3, ...). Für diese wird die Schriftart Arial mit Schriftgrad 13 Pt. und Schriftstil fett verwendet. Der Abstand einer Überschrift zum nachfolgenden/zugehörigen Text ist immer kleiner als zum vorhergehenden Text einer anderen Überschrift. Der Abstand des Textes zur zugehörigen Überschrift beträgt 6 Pt. Der Abstand einer Überschrift zum vorangegangen Text beträgt 18 Pt.

Jedes Hauptkapitel beginnt auf einer neuen Seite. Farbige Überschriften und Hervorhebungen sind nicht gestattet.

Für die Fußnoten empfiehlt sich Arial 10 Pt. Der Zeilenabstand beträgt 1,0 Zeilen. Der Zitierstrich steht linksbündig und sollte 1/3 der Seitenbreite einnehmen. Es ist darauf zu achten, dass die Zitatnachweise und Anmerkungen ebenso wie der Zitierstrich linksbündig untereinander stehen. Bei jedem Zitatnachweis und jeder Anmerkung wird eine neue Zeile verwendet.

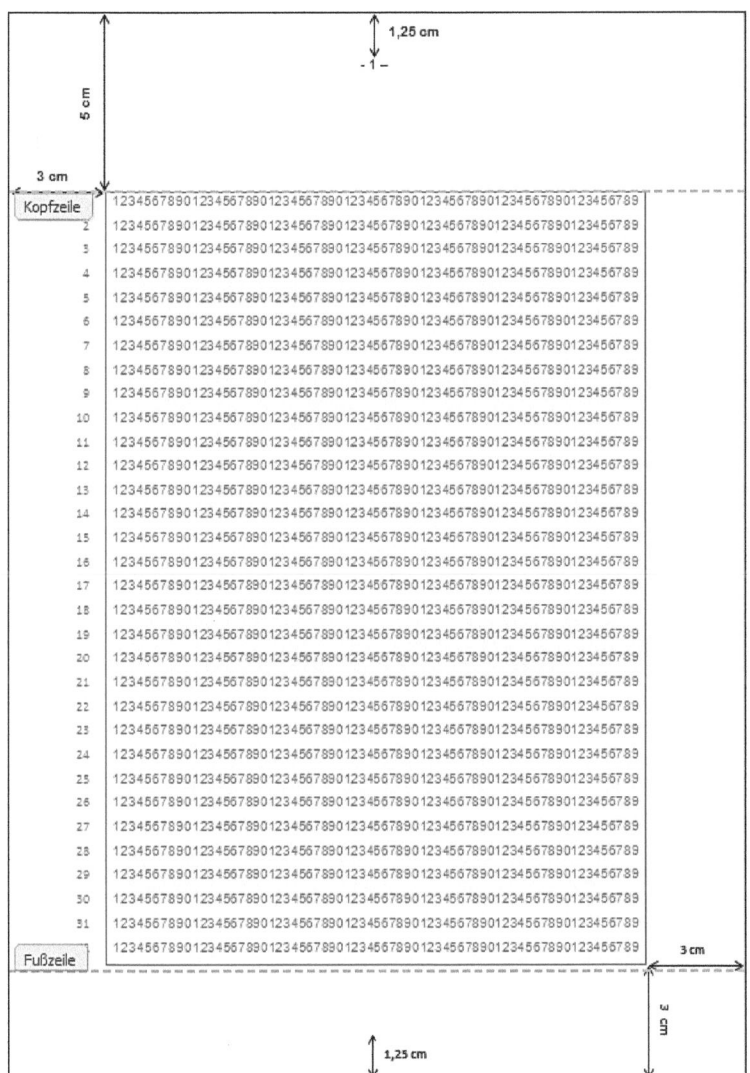

Abb. 1: Beschreibbare Fläche einer DIN A4-Seite

Der Abstand zum oberen Seitenrand beträgt 5 cm, zum linken Seitenrand 3 cm, zum rechten Seitenrand 3 cm und zum unteren Seitenrand 3 cm. Die beschreibbare Fläche einer DIN A4-Seite entspricht nach Abzug der Ränder der Fläche einer DIN A5-Seite.

Bei einem Zeilenabstand von 1,5 und der Schriftart Arial mit einem Schriftgrad von 11 stehen 32 Zeilen mit 69 Anschlägen zur Verfügung. Dies entspricht maximal 2.208 Zeichen pro Seite (siehe Abb. 1). Diese Vorgabe gewährleistet eine Vergleichbarkeit der Studienarbeiten in Bezug auf den Umfang.

Es sollte bereits im Vorfeld der Arbeit eine Formatvorlage mit den passenden Schriftgrößen u.ä. erstellt werden, damit im Verlauf des Schreibens eine Orientierung an der geforderten Seitenzahl möglich ist. Bei einer Nachformatierung kommt es regelmäßig zu ungewollten Abweichungen hinsichtlich der vom Prüfer geforderten Seitenzahl.

1.1.2 Paginierung

Die Seitenzählung beginnt mit römisch I für das Titelblatt (wird nicht angegeben), römisch II für das Inhaltsverzeichnis und römisch III bzw. IV für das nachfolgende Abbildungs- und Tabellenverzeichnis und/oder Abkürzungsverzeichnis. Dann folgt der eigentliche Text der Arbeit, der mit der Seitenzählung arabisch 1 beginnt und bis zum Ende durchgezählt wird. Das Literaturverzeichnis und gegebenenfalls der Anhang werden arabisch weitergezählt. Die Seitenzahlen befinden sich oben mittig auf der Seite.

Der vorgegebene Umfang der Arbeit ist strikt einzuhalten. Die Beschränkung der Seitenzahl soll den Kandidaten zum einen dazu bringen, seinen Gedanken zu ordnen und auf den Punkt zu kommen, aber auch andererseits die Vergleichbarkeit der verschiedenen Arbeiten gewährleisten. Eine Über- oder Unterschreitung des vorgegebenen Umfangs führt zu einem Notenabschlag.

1.1.3 Darstellungen

Eingescannte Darstellungen (Abbildungen und Tabellen) sind mit einer Beschriftung und einer Quellenangabe in der Schriftart Arial und einem Schriftgrad von 10 Pt. sowie einem Zeilenabstand von 1,0 zu versehen. Ferner sollte jede Abbildung durch einen Rahmen vom laufenden Text getrennt werden. Sie sind linksbündig auf der Seite zu platzieren, sollten ein einheitliches Layout haben und nicht von Fließtext umgeben sein.

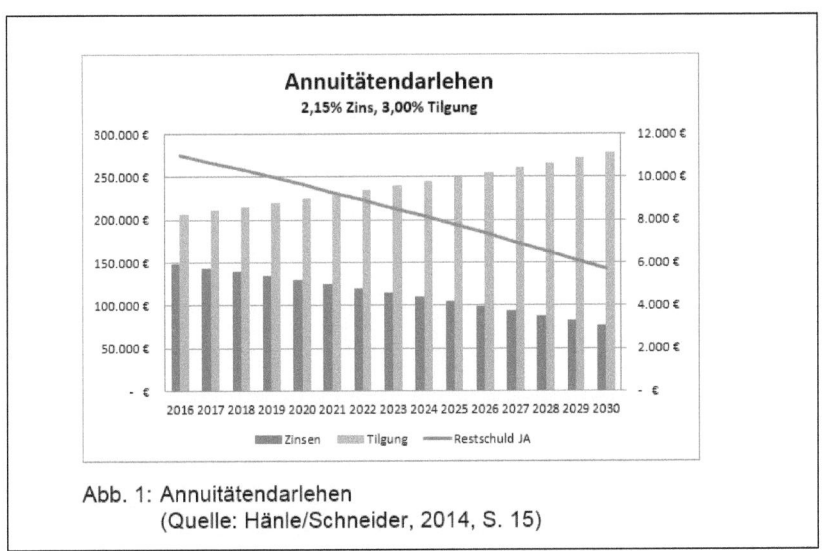

Abb. 2: Quellenangabe für eingescannte Abbildung

Wird eine Abbildung oder Tabelle auf der Basis fremder Daten erstellt, so muss angegeben werden, woher die Daten stammen. Hier wird der Hinweis: „Quelle: In Anlehnung an..." mit der Seitenangabe der jeweiligen Quelle bzw. bei Internetquellen mit dem Titel eingefügt (siehe Abb. 3).

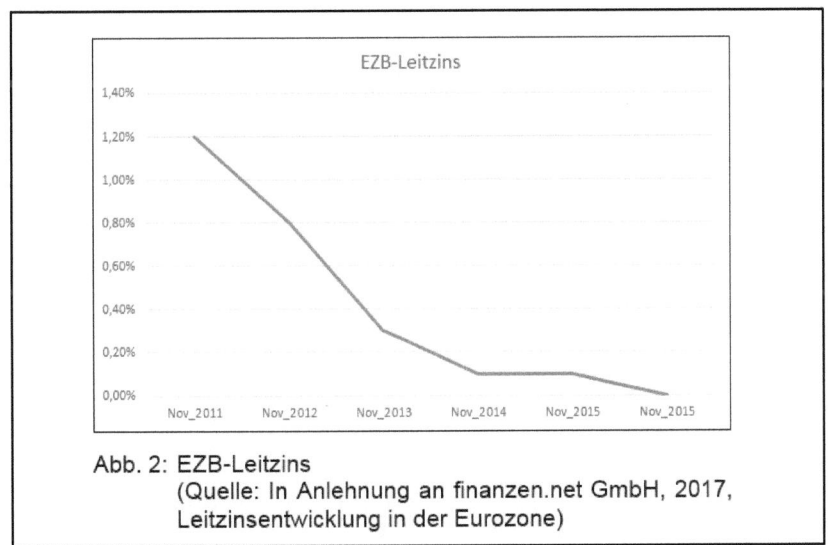

Abb. 3: Quellenangabe für eigene Abbildung mit fremden Daten

1.2 Bestandteile der wissenschaftlichen Arbeit

Jede Arbeit benötigt ein Titelblatt, ein Inhaltsverzeichnis und ein Literaturverzeichnis. Ohne die beiden letzteren ist die Arbeit wertlos, weil die Gliederung und die Nachweise der Quellen fehlen. Dies aber sind die Grundlagen einer jeden wissenschaftlichen Arbeit.

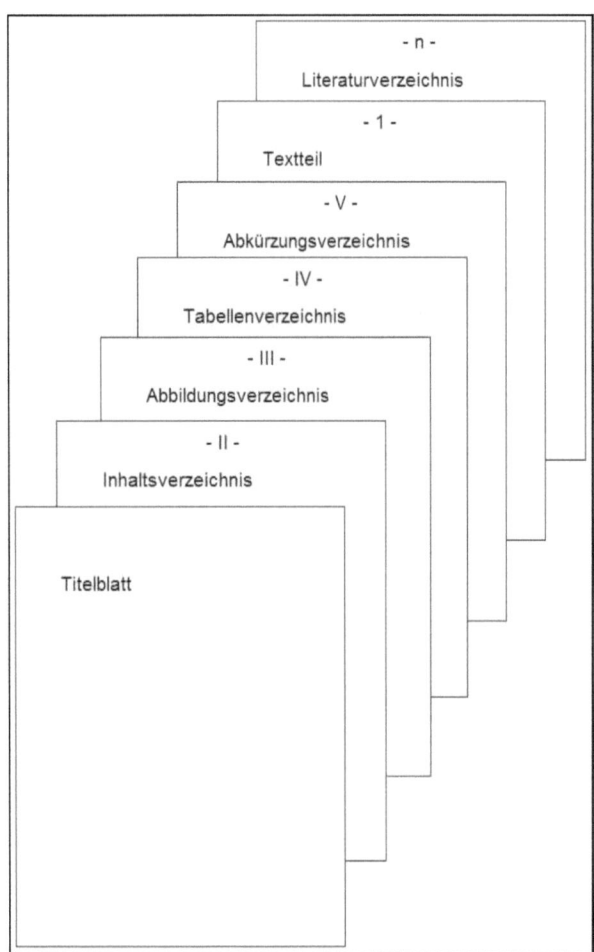

Abb. 4: Bestandteile der wissenschaftlichen Arbeit

1.2.1 Titelblatt

Das Titelblatt ist das „Gesicht" einer wissenschaftlichen Arbeit. Darauf sollten die wichtigsten Daten festgehalten werden. Es ist ratsam, auf die korrekte Schreibung der Namen der jeweiligen Prüfer zu achten, da auch hier der erste Eindruck Auskunft über die Sorgfalt des Kandidaten gibt.

Hochschule Kempten
University of Applied Sciences

Fakultät Betriebswirtschaft
Studienschwerpunkt [Schwerpunkt eingeben]

Seminararbeit zum Thema

[Thema eingeben]

vorgelegt bei

Prof. Dr. Michaela Schlau

eingereicht von:

Peter Muster
Musterstr. 10
01234 Musterort
Tel. 0123-234 456 7

E-Mail: peter.muster@internet.de

Matrikel: 123456

Abgabetermin: 15.05.2015

Abb. 5: Titelblatt für Seminararbeit

```
                    Hochschule Kempten
                  University of Applied Sciences


                   Fakultät Betriebswirtschaft
               Studienschwerpunkt [Studienschwerpunkt eingeben]


        Bachelorarbeit gemäß § 14 der Allgemeinen Prüfungsordnung der Hochschule
                Kempten vom 17. November 2014 in der jeweils gültigen Fassung


                     Bachelorarbeit zum Thema
                   [Thema der Bachelorarbeit eingeben]


                          vorgelegt bei
                       Prof. Dr. Michael Clever




   eingereicht von:
   Peter Muster
   Musterstr.10
   01234 Musterort
   Tel. 0123-234 456 7

   E-Mail: peter.muster@internet.de

   Matrikel: 123456

   Abgabetermin: 15.05.2015
```

Abb. 6:   Titelblatt für Bachelorarbeit

1.2.2 Inhaltsverzeichnis

Das Inhaltsverzeichnis steht auf dem ersten Blatt nach dem Titelblatt und ist mit der römischen Ziffer II zu paginieren. Die nummerische Gliederung (1, 1.1, 1.1.1 ...) wird nach dem Abstufungsprinzip dargestellt, d.h. jede nachfolgende Gliederungsebene wird eingerückt (siehe Abb. 7).

Das Inhaltsverzeichnis spiegelt die Struktur der Arbeit wider und sollte gleichgeordnete Teilthemen auch quantitativ entsprechend berücksichtigen. Der Begriff Inhaltsverzeichnis sollte nicht im Inhaltsverzeichnis erscheinen.

- II -

Inhaltsverzeichnis

	Seite
Abbildungsverzeichnis	III
Tabellenverzeichnis	III
Abkürzungsverzeichnis	IV
1 Zielsetzung und Aufbau	1
2 Entwicklung wichtiger Währungen	2
2.1 Amerikanischer Dollar	2
2.2 Japanischer Yen	3
2.3 Schweizer Franken	4
3 Fazit	5
Literaturverzeichnis	6

Abb. 7:   Inhaltsverzeichnis

Schwerpunktbildungen bei Einzelthemen sollten vermieden werden und wer A sagt muss auch B sagen. Einem Unterpunkt 1.1 folgt immer auch ein Unterpunkt 1.2. Die letzte Ziffer endet grundsätzlich ohne Punkt.

Die Gliederungstiefe sollte bei einer Seminar- oder Bachelorarbeit die dritte Gliederungsstufe nicht überschreiten. In Ausnahmefällen kann es jedoch erforderlich sein, kleinteiliger zu gliedern. In Zweifelsfällen ist der betreuende Professor zu konsultieren.

1.2.3 Abbildungs- und Tabellenverzeichnis

Bei mehr als einer Abbildung oder Tabelle ist ein Verzeichnis erforderlich. Werden beide Verzeichnisse benötigt, können diese zusammen auf einer Seite stehen (siehe Abb. 8). Damit es nicht zu Fehlangaben kommt, sollten vor Abschluss der Arbeit alle Seitenangaben überprüft und gegebenenfalls aktualisiert werden.

```
                          - III -



   Abbildungsverzeichnis

                                              Seite

   Abb. 1:    Jahresschlusskurse EUR / USD ............2
   Abb. 2:    Jahresschlusskurse EUR / JPY ............3
   Abb. 3:    Jahresschlusskurse EUR / CHF ...........4



   Tabellenverzeichnis

                                              Seite

   Tab. 1:    Amerikanischer Dollar (EUR / USD) .........2
   Tab. 2:    Japanischer Yen (EUR / JPY) ...............3
   Tab. 3:    Schweizer Franken (EUR / CHF) .............4
```

Abb. 8:   Abbildungs- und Tabellenverzeichnis

1.2.4 Text

Der eigentliche Text der Arbeit besteht aus mehreren Teilen: Einleitung, Hauptteil, Schluss. Hier beginnt die arabische Seitennummerierung.

Die Einleitung dient der Hinführung zum Thema und erklärt Ziel und Aufbau der Arbeit. Diese sollte keinesfalls „Einleitung" genannt werden. Sie wird erst geschrieben, wenn der komplette Text fertig ist. Erst dann ist klar, wohin die Themenstellung geführt hat.

Als Überschrift für den einleitenden Text eignen sich Formulierungen, die den Inhalt dieser Passage wiedergeben, z. B. „Zielsetzung und Aufbau", „Rechtfertigung der Themenstellung", „Aktuelle Forschungslage" oder „Aufbau und Argumentationsfolge".

Der Text kann durch anschauliche Abbildungen oder Tabellen ergänzt werden. Auf Bullet-Points und Spiegelstriche sowie schlagwortartige Aufzählungen und Umrahmungen ist zu verzichten.

Überschriften sollten im Nominalstil ohne Artikel formuliert werden und kurz und prägnant den Inhalt des Kapitels umschreiben. Von Fragen oder Ausrufen ist abzusehen.

Der Text mit seinen Ober- und Unterkapiteln muss zwingend einer inneren Logik unterliegen. Auf passende Überleitungen zwischen den einzelnen Argumenten und zwischen den Ober- und Unterkapiteln ist zu achten.

Nach den Ausführungen folgen Fazit oder kritische Stellungnahme. Sie bilden den Schluss der Arbeit. Keinesfalls sollte an dieser Stelle der gesamte Inhalt nochmal wiederholt und zusammengefasst werden. Vielmehr dient die kritische Stellungnahme dazu, eigene Rückschlüsse aus den erarbeiteten Aspekten zu ziehen und zu einer abschließenden Bewertung zu gelangen. Sie ist ein wichtiger Bestandteil der Benotung und sollte sorgfältig erarbeitet werden.

1.2.5 Anhang

In den meisten Fällen wird ein Anhang an eine Seminar- oder Bachelorarbeit nicht notwendig sein. Er folgt unmittelbar nach dem Text noch vor dem Literaturverzeichnis. Im Besonderen ist er nicht dazu da, die eigentliche Arbeit fortzuführen und dadurch die Begrenzung der Seitenanzahl zu umgehen. Die arabische Paginierung wird weitergeführt.

Vielmehr finden hier die Daten Platz, die in der Arbeit stören oder eine zusätzliche Information darstellen. Hier können ergänzende Materialien und Dokumente, aber auch Fragebögen, Gesprächsprotokolle und E-Mail-Korrespondenzen abgelegt werden. Auch Tabellen, die aufgrund ihrer Größe im laufenden Text stören würden, sollten dem Leser hier zugänglich gemacht werden.

1.2.6 Literaturverzeichnis

Im Literaturverzeichnis werden alle in der Arbeit verwendeten und nur diese Quellen nach folgendem Muster in einzeiligem Abstand alphabetisch aufgelistet. Zur besseren Lesbarkeit werden bei jedem neuen Eintrag ab der zweiten Zeile alle weiteren Zeilen um 1 cm eingerückt. Die entsprechenden Angaben finden sich auf der vierten Seite einer Publikation (Impressum). Hier und nur hier sind die validen Daten zu entnehmen. Weder das Titelblatt noch der Buchrücken bieten diese Informationen.

Folgende Angaben sind bei einer **Monographie (Buch)** zu verwenden:

Nachname, Vorname[n] (Erscheinungsjahr): Titel. Untertitel [falls vorhanden], Auflage, Erscheinungsort.

Theissen, Manuel René (2011): Wissenschaftliches Arbeiten. Technik – Methodik – Form, 15. Aufl., München.

Bei mehreren Verfassern werden lediglich die ersten drei in alphabetischer Reihenfolge genannt und mit einem u.a. abgeschlossen.

Werden auf dem Titel die Nachnamen der Autoren nicht in alphabetischer Reihenfolge genannt, so ist es geboten, diese zu übernehmen. Der federführende Autor sollte dann auch zuerst in das Literaturverzeichnis aufgenommen werden. Das Trennen der Namen erfolgt durch einen Schrägstrich.

Nachname, Vorname[n]/Nachname, Vorname[n]/Nachname, Vorname[n] (Erscheinungsjahr): Titel. Untertitel [falls vorhanden], Auflage, Erscheinungsort.

Samac, Klaus/Prenner, Monika/Schwetz, Herbert (2010): Die Bachelorarbeit an Universität und Fachhochschule, Wien.

Handelt es sich um einen **Beitrag aus einem Sammelwerk** (Buch), werden die folgenden Angaben gemacht:

Nachname, Vorname[n] (Erscheinungsjahr): Titel. Untertitel [falls vorhanden], in: Name, Vorname (Hrsg.): Titel des Sammelwerkes, Verlagsort, Seitenangabe.

Knapp, Karlfried (2003): Kultur und interpersonale Kommunikation, in: Bergemann, Niels/Sourisseaux, Andreas L.J. (Hrsg.): Interkulturelles Management, Berlin, S. 110-113.

Handelt es sich um einen **Aufsatz aus einer periodisch erscheinenden Zeitschrift**, wird zusätzlich der Jahrgang oder die Heftnummer genannt:

Name, Vorname[n] (Jahreszahl): Titel. Untertitel [falls vorhanden], in: Titel der Publikation oder Zeitschrift. Jahrgang (Heft), Seitenangaben.

Chang, Huang-Ming/Diaz, Marta/Ivonin, Leonid et al. (2014): Unspoken Emotions in Movies, The Basis of Emotion-Driven Storytelling Systems, in: Informatik Spectrum 2014-6 (37), S. 539-546.

Internetquellen werden ebenfalls im Literaturverzeichnis aufgelistet. Bei diesen Quellen mit unbekanntem Autor sollte die Abkürzung o.V. (ohne Verfasser) und der vollständige Titel der Seite aufgeführt werden. Hier gilt der Grundsatz: Je mehr Information desto besser. Die Bezeichnung „o.V." wird unter dem Buchstaben „O" eingeordnet.

Nachname, Vorname[n] (Erscheinungsjahr): Titel. Untertitel [falls vorhanden], [Erscheinungsdatum, wenn bekannt], URL: URL, Zugriffsdatum.

o.V. (2009): Chef gut – alles gut: Focus-online, URL: http://www.focus.de/karriere/berufsleben/motivation-chef-gut-arbeit-gut_aid_427323.html, Stand: 21. September 2015.

Wenn der Autor bekannt ist, sollte er auch genannt werden.

Nachname, Vorname[n] (Erscheinungsjahr): Titel. Untertitel [falls vorhanden], [Erscheinungsdatum wenn bekannt], URL: URL, Zugriffsdatum.

Luczak, Hania (2000): Neurologie: Wie der Bauch den Kopf bestimmt, URL: http://www.geo.de/GEO/Mensch/medizin/686.html, Stand: 21. September 2015.

Bei Quellen von Organisationen/Institutionen/Firmen, die keinen Autor benannt haben, wird der Name der Organisation/Institution/Firma in das Literaturverzeichnis aufgenommen.

Name, (Erscheinungsjahr), Titel [weitere Info falls erforderlich], Ort.

Institut für Spanende Fertigung (2015): Jahresbericht, Technische Universität Dortmund, Dortmund.

Korrespondenzen, **E-Mail-Verkehr** und **Interviews** unterliegen ebenso der Zitierpflicht und sind in Gänze im Anhang als schriftliche Niederlegung oder als Datei auf CD der Arbeit beizulegen. Auch hier wird der Urheber/Autor namentlich genannt und Zeit und Ort festgehalten.

Nachname, Vorname[n] (Erscheinungsjahr): Korrespondenz vom Datum s. Anhang 1, Ort.

Schulze-Kappelhoff, Ignatz (2016): Korrespondenz oder Interview vom 01.05.2016 s. Anhang 1, Münster (Westf.).
Seidelbast, Trutzard (2016): Interview vom 01.05.2016 s. Anhang 2, Paderborn.

Als Ortsangabe wird regelmäßig der Aufenthaltsort des Korrespondenzpartners genannt. Alle diese Korrespondenzen/E-Mails/Interviews werden in ein Word-Dokument geladen und mit Seiten versehen, so dass in der Fußnote konkrete Angaben zum Fundort im Dokument gemacht werden können.

Das Literaturverzeichnis enthält alle in der Arbeit benutzten Quellen in alphabetischer Sortierung (siehe Abb. 9).

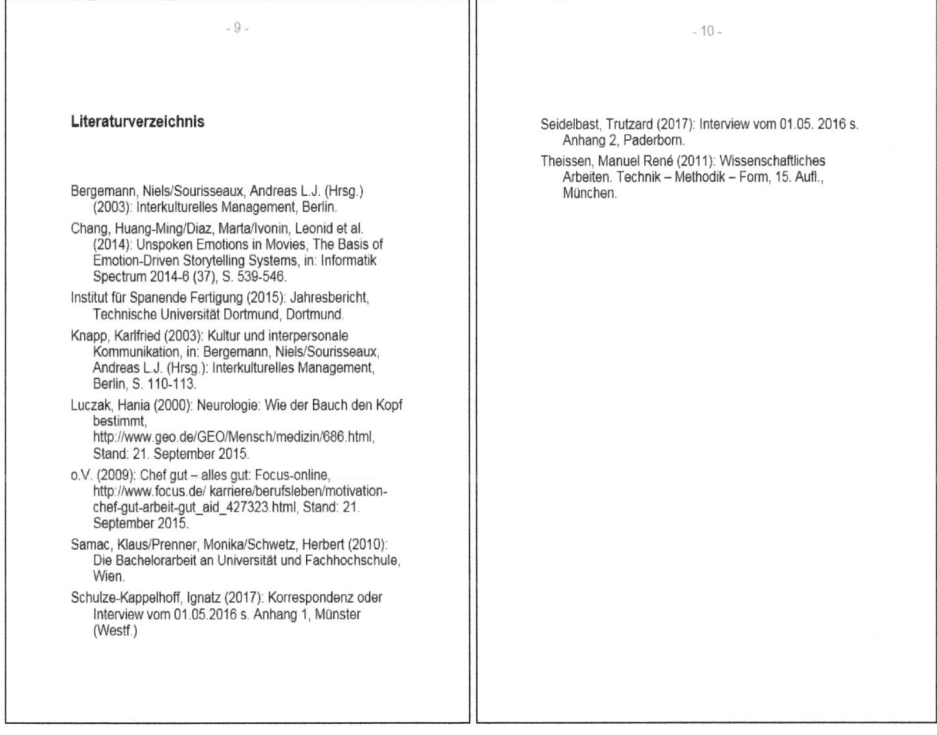

Abb. 9: Literaturverzeichnis

Sollten Publikationen gelesen worden sein, die nicht zitiert wurden, aber dennoch von Interesse für den Leser sind, so können diese unter der Überschrift *Weiterführende Literatur* alphabetisch nach dem Literaturverzeichnis aufgelistet werden.

1.2.7 Eidesstattliche Erklärung

Eine eidesstattliche Erklärung ist sowohl der Seminar- als auch der Bachelorarbeit beizulegen. Diese Versicherung folgt unmittelbar auf das Literaturverzeichnis und ist handschriftlich mit Datum, Ort und Unterschrift zu versehen.

Eidesstattliche Erklärung

Ich erkläre hiermit an Eides Statt, dass ich die vorliegende Arbeit selbstständig und ohne unerlaubte Hilfe Dritter verfasst und keinen anderen als die angegebenen Quellen und Hilfsmittel verwendet habe. Alle Stellen, die wörtlich oder sinngemäß aus Veröffentlichungen stammen, sind als solche kenntlich gemacht. Diese Arbeit lag in gleicher oder ähnlicher Weise noch keiner Prüfungsbehörde vor und wurde bisher noch nicht veröffentlicht.

Datum, Ort   Unterschrift

1.2.8 Digitale Version

Die Arbeit ist zusätzlich in einer digitalen Version abzugeben. d. h. eine DVD mit einer PDF-Datei ist der Arbeit in einer Klebetasche innen im Rückumschlag beizulegen. Die digitale Version dient der Überprüfung durch eine Plagiatssoftware.

1.3 Zitierweise

Grundsätzlich wird in Seminar- und Bachelorarbeiten die Kurzbeleg-Zitierweise verwendet. Diese lässt sich nur durch Verwendung eines Literaturverzeichnisses realisieren. An dieser Stelle wird zwischen drei verschiedenen Zitierformen unterschieden.

1.3.1 Direktes Zitat

Das direkte Zitat bezeichnet die wortwörtliche und zeichengetreue Wiedergabe eines Textes in Anführungsstrichen. Bei einem direkten Zitat aus einer Monographie werden die Literaturangaben in Kurzform immer nach dem gleichen Muster genannt:

Name (Erscheinungsjahr), Seitenangabe.

Am Ende einer Fußnote steht immer ein Punkt.

> Rhetorisch manipulieren bedeutet „ausgewählte Personen bewusst und zielgerichtet zu manipulieren unter Anwendung von Manipulationstechniken nach einem vorgefassten Plan."[6]
>
> ---
>
> [6] Beck (2007), S.10.

Abb. 10: Direktes Zitat aus einem Buch

Beim direkten Zitieren von einer Internetseite werden unter dem Zitierstrich lediglich der Autor (sonst o.V.), das Erscheinungsjahr (sonst o.J.) und der Name der Seite bzw. der Titel angegeben.

Name (Erscheinungsjahr), Titel.

> „56 Prozent von ihnen benoten ihren Chef auf einer Skala von 0 bis 9 im unteren Drittel. 23 Prozent gaben ihm die negativste Bewertung, nur 20 Prozent sind mit ihrem Vorgesetzten glücklich.[1]
>
> „Im Laufe eines 75-jährigen Lebens wandern mehr als 30 Tonnen Nahrung und 50.000 Liter Flüssigkeit durch das Gedärm."[2]
>
> ---
>
> [1] o.V. (2009), Chef gut - Arbeit gut.
> [2] Luzak (2000), Neurologie: Wie der Bauch den Kopf bestimmt.

Abb. 11: Direkte Zitate aus Internetquellen

Bei mehreren Publikationen eines Autors in einem Jahr müssen diese fortlaufend mit a, b, c usw. nach dem Erscheinungsjahr gekennzeichnet werden (z. B. Rust (2007a), S. 1).

Eine wortwörtliche Wiedergabe bedeutet, orthographische Fehler, Zahlendreher o.ä. zu übernehmen, die dann jedoch durch eine Interpolation gekennzeichnet sein müssen.

Eine Interpolation ist eine Einlassung eines Autors in ein Zitat eines anderen Autors, um auf Fehler hinzuweisen oder Veränderungen zu kennzeichnen.

Rechtschreibfehler oder Zahlendreher werden durch ein [sic] in eckigen Klammern als solche gekennzeichnet. Auch müssen eigene Veränderungen an direkten Zitaten durch einen solchen Hinweis kenntlich gemacht werden: z. B. bei einem Fettdruck, der nicht im Original vorhanden war [Hervorhebung nicht im Original].

Sollten Auslassungen vorgenommen werden, so sind diese bei einem Wort durch (..) und bei mehreren Wörtern und ganzen Satzteilen mit (...) zu kennzeichnen.

Es ist darauf zu achten, dass es nicht zu sinnentstellenden Fehlzitaten kommt. In Zweifelsfällen sollte auf Auslassungen verzichtet werden.

1.3.2 Indirektes Zitat

Das indirekte Zitat ist die sinngemäße Wiedergabe der Gedanken eines Autors, die niemals in Anführungszeichen stehen und deren Fußnotenvermerk am Ende der jeweiligen Textpassage steht.

Diese sind namentlich einzuleiten, so dass der Beginn des Abschnitts mit den übernommenen Theorien, Thesen oder Gedanken eindeutig erkennbar ist. Die namentliche Nennung entbindet nicht vom ordnungsgemäßen Kurzbeleg nach folgendem Muster:

Vgl. Name (Erscheinungsjahr), Seitenangabe.

Zelazny formuliert das Grundrecht der Zuhörer auf eine Zielformulierung des Präsentierenden. Das genannte Ziel sollte realistisch zu erreichen sein.[5]

---

[5] Vgl. Zelazny (2009), S. 20 ff.

Abb. 12: Indirektes Zitat aus einem Buch

Vgl. Name (Erscheinungsjahr), Titel.

50.000 Liter Flüssigkeit durchwandern den Darm.[3]

---

[3] Vgl. Luczak (2000), Neurologie: Wie der Bauch den Kopf bestimmt.

Abb. 13: Indirektes Zitat aus einer Internetquelle

Handelt es sich um zwei Seiten aus einer Publikation, so kann dies durch „S. 15 f" angegeben werden. Bei drei Seiten empfiehlt sich „S. 15 ff" oder bei mehreren Seiten beispielsweise die Formulierung „S. 15–19" zu verwenden.

Bei einem indirekten Zitat können sich hinter einer Fußnote mehrere Literaturangaben verbergen, aber niemals werden mehrere Hochzahlen im Text ein und denselben Abschnitt kennzeichnen. Mehrere Literaturangaben in einer Fußnote sollten durch einen Strichpunkt voneinander getrennt sein.

An dieser Stelle ist es auch möglich, verschiedene Literaturmeinungen gegeneinander abzugrenzen und durch ein „anders aber" oder „anderer Meinung" voneinander zu trennen.

1.3.3 Sekundärzitat

Ein Sekundärzitat ist ein Zitat, das vom Autor nicht selbst recherchiert wurde. Im Rahmen des wissenschaftlichen Arbeitens ist er jedoch verpflichtet, den geistigen Urheber eines Zitats direkt zu zitieren. Daher sind Sekundärzitate nur in Ausnahmefällen gestattet und sollten vermieden werden. Im Zweifelsfall muss der betreuende Professor befragt werden.

1.3.4 Anmerkungen

Neben den Zitatnachweisen können unter dem Zitierstrich auch die sogenannten Anmerkungen ihren Platz finden. Hierbei handelt es sich um jede Art von Zusatzinformationen, die im Text stören würden, aber dennoch von Interesse für den Leser sind. Dies können Textergänzungen wie alternative Formulierungen und Definitionen sein. Literaturempfehlungen bzw. -verweise, im Text störende Zitate oder auch Querverweise gehören ebenso hierher. Sie werden niemals im Nachhinein geschrieben, sondern drängen sich als Zusatzinformation während des Schreibens förmlich auf. Sie sind als vollständiger Satz zu formulieren, beginnen mit Großbuchstaben und enden mit einem Punkt.

1.4 Schreibstil

Wissenschaftliches Schreiben bedeutet nicht, kompliziert zu schreiben. Gerade bei komplexen Sachverhalten ist es notwendig, einfach und eindeutig zu formulieren. Ein allzu komplizierter Satzbau und verschachtelte Nebensätze lassen sich schwer lesen und oft auch schlecht verstehen.

Formulierungen wie „es macht keinen Sinn", „vielleicht handelt es sich um", u.ä. verbieten sich ebenso wie die Verwendung von Frage- und Rufzeichen. Ferner ist auf das korrekte Setzen von Satzzeichen wie Komma und Strichpunkt/Semikolon zu achten, um den Sinn einzelner Sätze nicht zu entstellen.

Das „&" wird nur bei Eigennamen verwendet: „Müller & Schulze".

Ferner sollte vor Verwendung von Fremdwörtern deren Bedeutung und Notwendigkeit für den Text eindeutig geklärt sein. Oftmals kann eine deutscher Begriff die Aussage genauso gut oder besser umschreiben als ein Fremdwort, statt „Basis" kann das Substantiv „Grundlage", statt „diverse" das Adjektiv „einige" verwendet werden.

In der sogenannten „Ich-Form" zu schreiben ist genauso wie die Verwendung des „man" für wissenschaftliche Arbeiten gänzlich ungeeignet. Die Sätze sind passivisch und neutral zu formulieren. Sich selbst als „Verfasser/in" zu bezeichnen ist veraltet.

Es ist daher darauf zu achten, dass die Sätze nicht zu lang sind und dass die Wortwahl prägnant und passend ist. Umgangston, Modewörter und Plattheiten sollten vermieden werden. Dazu gehören im speziellen Ausdrücke und Wendungen wie:

aber	anderenfalls	bei weitem	dabei
abermals	Anscheinend	beinahe	dahingehend
allenfalls	auch	bekanntlich	damals
allerdings	augenscheinlich	besonders	danach
allesamt	ausdrücklich	bestenfalls	demgemäß
allzu	ausgerechnet	bestimmt	denkbar
also	außerdem	beziehungsweise	derweil
an sich	äußerst	bloß	des Öfteren

diesbezüglich	höchst	nur	übrigens
durchaus	höchstens	offenbar	umständehalber
durchweg	im Allgemeinen	offenkundig	unbedingt
eben	immer	offensichtlich	ungefähr
eigentlich	immerzu	oft	ungemein
ein bisschen	in der Tat	ohne weiteres	ungleich
ein wenig	in jedem Fall	ohne Zweifel	unlängst
einfach	indessen	ohnedies	unsagbar
einige	insbesondere	ohnehin	unsäglich
einigermaßen	irgendwie	partout	unstreitig
einmal	ja	plötzlich	unzweifelhaft
ergo	jedenfalls	praktisch	vergleichsweise
erheblich	jemals	quasi	vermutlich
etliche	kaum	recht	vielfach
etwa	keinesfalls	reichlich	vielleicht
etwas	keineswegs	reiflich	voll
fast	längst	relativ	voll und ganz
folgendermaßen	lediglich	restlos	vollends
folglich	leider	rundum	völlig
freilich	letztlich	scheinbar	vollkommen
ganz	manchmal	schlichtweg	vollständig
ganz und gar	mehr oder weniger	schließlich	von neuem
gänzlich	meinetwegen	schlussendlich	wahrlich
gelegentlich	meist	schon	wahrscheinlich
gemeinhin	meistens	selbst	weitestgehend
genau	mindestens	selbstredend	wenigstens
geradezu	mithin	selbstverständlich	wieder
gewiss	mitnichten	seltsamerweise	wiederum
gewissermaßen	mitunter	sich fokussieren	wirklich
glatt	möglicherweise	sicher	wohl
gleichsam	möglichst	sicherlich	wohlgemerkt
glücklicherweise	nämlich	so	womöglich
gottseidank	natürlich	sogar	ziemlich
größtenteils	neuerdings	sonst	zumeist
halt	neulich	sowieso	zusehends
häufig	nichtsdestotrotz	sozusagen	zuweilen
heutzutage	nie	überaus	zweifellos
hie und da	niemals	überdies	zweifelsfrei
hinlänglich	nun	überhaupt	zweifelsohne

2 Citavi

Citavi ist eine Software für die Literaturverwaltung, die Wissensorganisation und die Aufgabenplanung. Diese Software unterstützt den gesamten Erstellungsprozess einer wissenschaftlichen Arbeit. Im Folgenden konzentrieren sich die Ausführungen zu Citavi auf die Literaturverwaltung, d.h. auf die Erfassung, Verwaltung und Verwendung (Zitation) der Literatur sowie die automatische Erstellung des Literaturverzeichnisses. Der große Vorteil von Citavi ist seine Effizienz bei der Literaturverwaltung, vor allem bei der Registrierung von Titeln mit Hilfe der ISBN sowie seine Flexibilität bei der Erstellung und Zuordnung von Zitationsstilen.[1]

2.1 Installation der Softwarekomponenten

Citavi wird durch zwei Komponenten ergänzt. Es gibt ein Add-In für Word, welches die Verwendung der in Citavi erfassten Literatur in Word ermöglicht, und mit dem sogenannten „Picker" werden Titelangaben aus dem Webbrowser oder von PDF-Dokumenten direkt nach Citavi übertragen.

2.1.1 Citavi

Citavi steht in der aktuellen Version auf der Webseite http://www.citavi.de/de/download.html zum Laden bereit (siehe Abb. 14).[2]

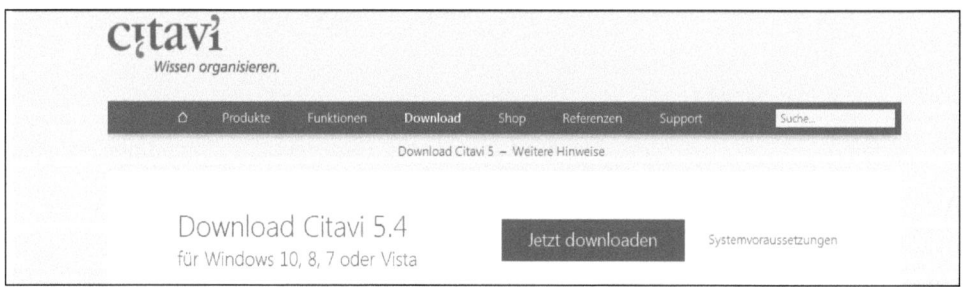

Abb. 14: Download von Citavi

---

[1] Citavi ergänzt und erweitert die Schwachstellen von Word in Bezug auf die angebotene Literaturverwaltung und die Zitationsstile.

[2] Die Software gibt es nur für die Betriebssysteme Windows 710, 8 und 10, 7 oder Vista.

Nach dem Laden und Speichern der Datei citavi5setup.exe kann der Installationsvorgang durch Doppelklick auf die ausführbare Datei gestartet werden. Für das mobile Arbeiten an der Hochschule empfiehlt sich die Installation auf einem USB-Stick.

Für Studierende an Hochschulen gibt es meist eine kostenlose Campuslizenz[3] (siehe Abb. 15). Jeder Studierende muss sich für die Nutzung mit seiner Hochschul-E-Mail-Adresse registrieren (siehe Abb. 16) und einen passwortgeschützten Citavi Account einrichten.

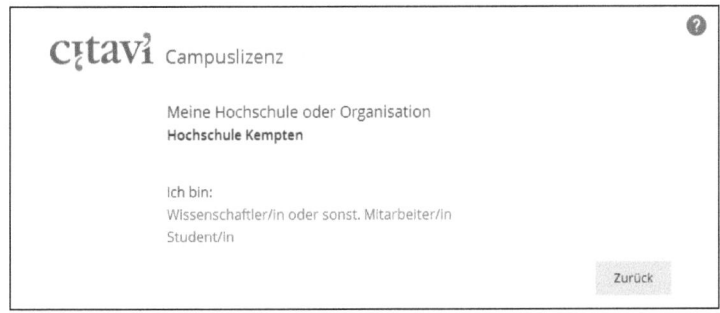

Abb. 15: Campuslizenz für die Hochschule Kempten

Abb. 16: Citavi-Campuslizenz für Studierende

---

[3] Für 85% aller Studierenden in Deutschland kann Citavi kostenlos per Campuslizenz genutzt werden. Auf https://www.citavi.com/de/campuslizenzen.html#K sind alle Hochschulen aufgelistet, die Campuslizenzen anbieten.

Abb. 17: Citavi-Login

Die Lizenzdaten werden dann in diesem Citavi Account (siehe Abb. 18) eingestellt und für die Freischaltung der Software benötigt.

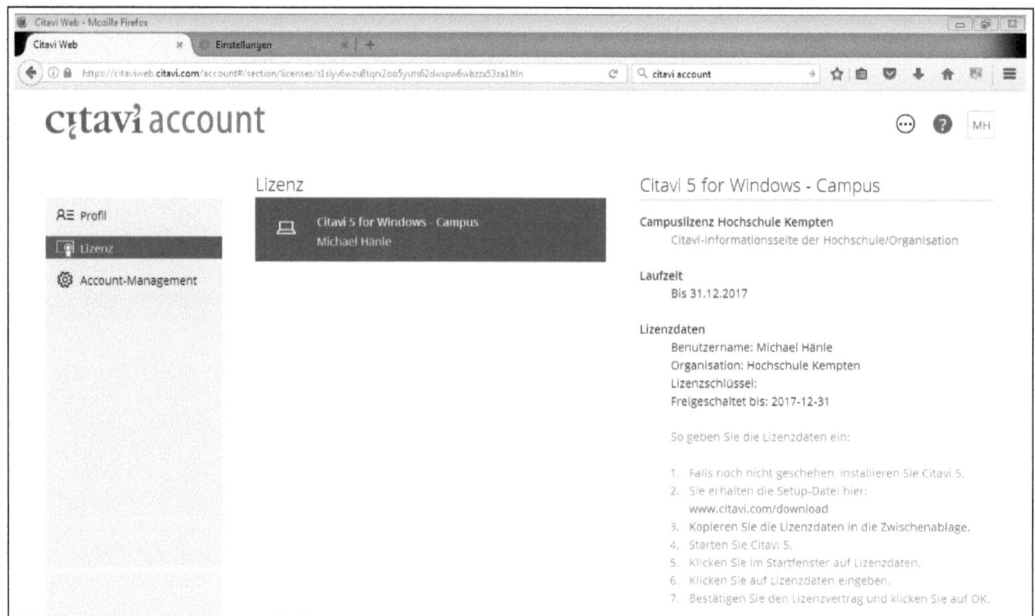
Abb. 18: Citavi-Account

Unter Hilfe\Lizenzdaten (siehe Abb. 19) können die Lizenzdaten in Citavi eingegeben oder gemäß Anweisung (siehe Abb. 18) über die Zwischenablage eingefügt werden.

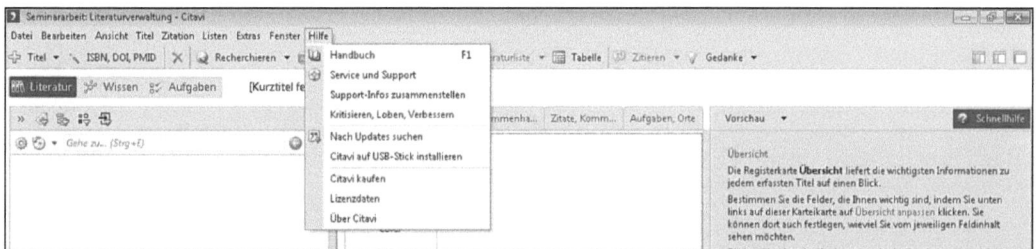

Abb. 19: Lizenzdaten in Citavi

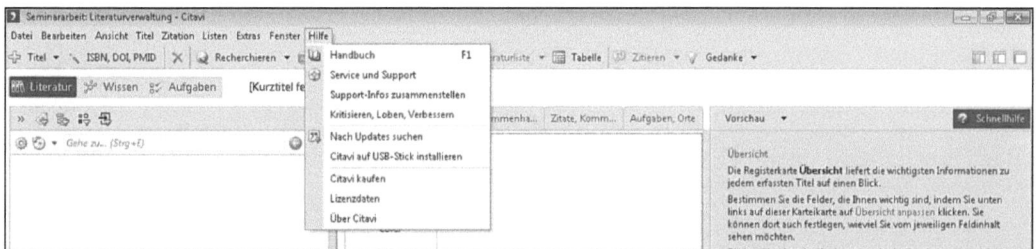

Abb. 20: Eingabe der Lizenzdaten

Nach dem Einfügen bzw. der Eingabe der Lizenzdaten (siehe Abb. 20) kann Citavi zunächst bis zum Ende der Freischaltdauer genutzt werden. Eine Verlängerung ist möglich.

2.1.2 Citavi-Add-In für Word

Nach erfolgreicher Installation von Citavi wird in der Regel automatisch das Add-In in Word geladen (siehe Abb. 21). Über dieses Add-In kann das Word-Dokument mit einer Citavi-Projektdatei verbunden werden. Der Zitationsstil für das Dokument kann ausgewählt bzw. gewechselt werden. Das Einfügen von Fußnoten in das Dokument sowie der Eintrag ins Literaturverzeichnis erfolgen gemäß dem Zitationsstil.

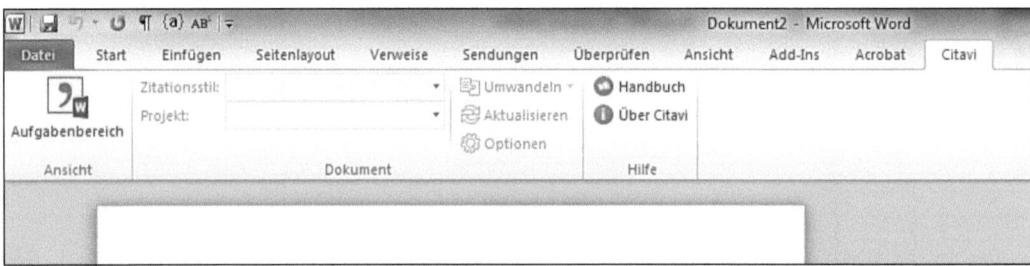

Abb. 21: Citavi Add-In in Word

2.1.3 Picker

Der Picker hilft Titelangaben von einer Webseite oder einem PDF-Dokumenten einfach und schnell in Citavi-Projekte zu übernehmen. Im Normalfall steht der Picker nach der Installation im Webbrowser (z.B. Explorer, Mozilla) zur Verfügung.

Produktinformation
Taschenbuch: 60 Seiten
Verlag: Books on Demand; Auflage: 1 (12. September 2014)
Sprache: Deutsch
ISBN-10: 3735762700
ISBN-13: 978-3735762702

Abb. 22: Pickersymbol auf der Amazon-Webseite

Hierzu wird auf der Webseite nur das Pickersymbol (siehe Abb. 22) angeklickt und die Titelangaben werden in das aktive Citavi-Projekt eingefügt. In einem PDF-Dokument können durch Citavi Picker/PDF-Dokument als Titel aufnehmen die Titelangaben in das Citavi-Projekt übernommen werden (siehe Abb. 23).

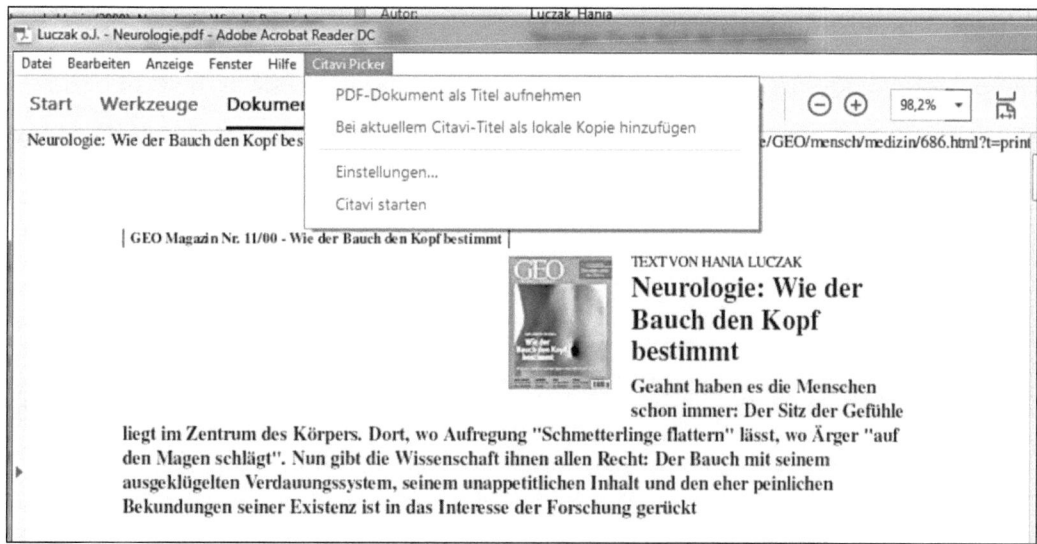

Abb. 23: Citavi-Picker-Menü im PDF-Dokument

2.2 Arbeiten mit Citavi

Die Literaturverwaltung, d.h. das Speichern von Titelangaben, geschieht in Form von Projekten. Einem Word-Dokument kann ein Citavi-Projekt zugewiesen werden, d.h. dem Dokument stehen dann für den Quellennachweis sämtliche Titelangaben des Projektes zur Verfügung und können auf einfach und konsistente Art und Weise eingefügt werden.

2.2.1 Projekt

Beim Starten von Citavi kann ein bereits existierendes Projekt ausgewählt oder ein neues Projekt angelegt werden. Für die wissenschaftliche Arbeit wird ein eigenes, neues Projekt erstellt (siehe Abb. 24).

Abb. 24: Neues Citavi-Projekt anlegen

Es sollte ein eindeutiger Projektname, z.B. Seminararbeit (siehe Abb. 25) vergeben werden. Diese Projektdatei wird unter Eigene Dokumente/Citavi 5/Projects gespeichert und kann somit einfach auf einen externen Datenträger (z.B. USB-Stick) gesichert werden.

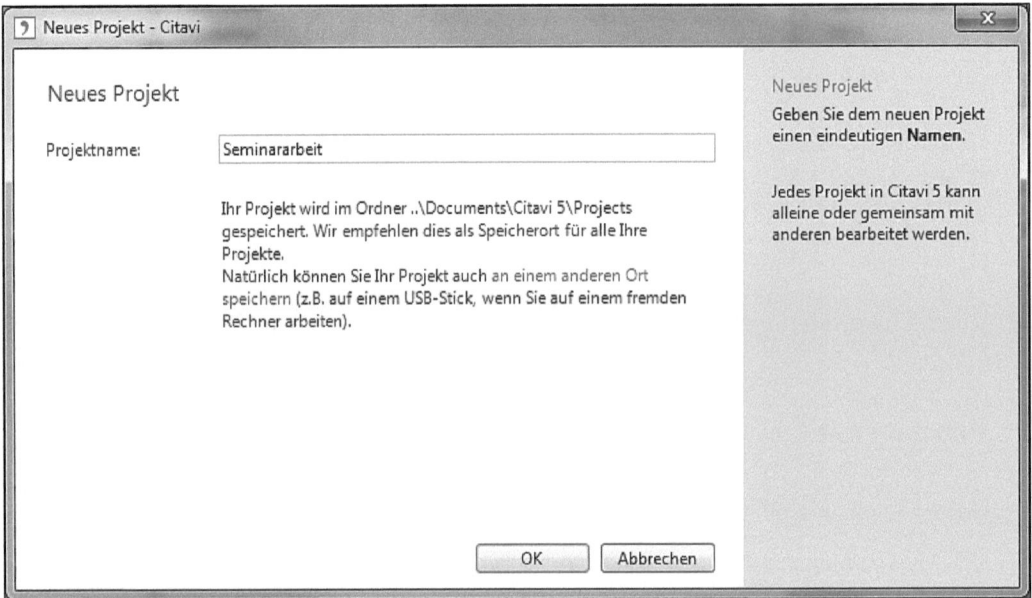

Abb. 25: Projektnamen festlegen

Citavi erscheint mit einer windowstypischen Benutzeroberfläche (siehe Abb. 26). Es gibt drei Arbeitsbereiche: Literatur, Wissen und Aufgaben. Dieses Buch beschäftigt sich ausschließlich mit dem Bereich Literatur(verwaltung). Für den Erstellungsprozess einer wissenschaftlichen Arbeit sind jedoch auch die anderen Bereiche Wissen(sorganisation) und Aufgaben(planung) sinnvoll.

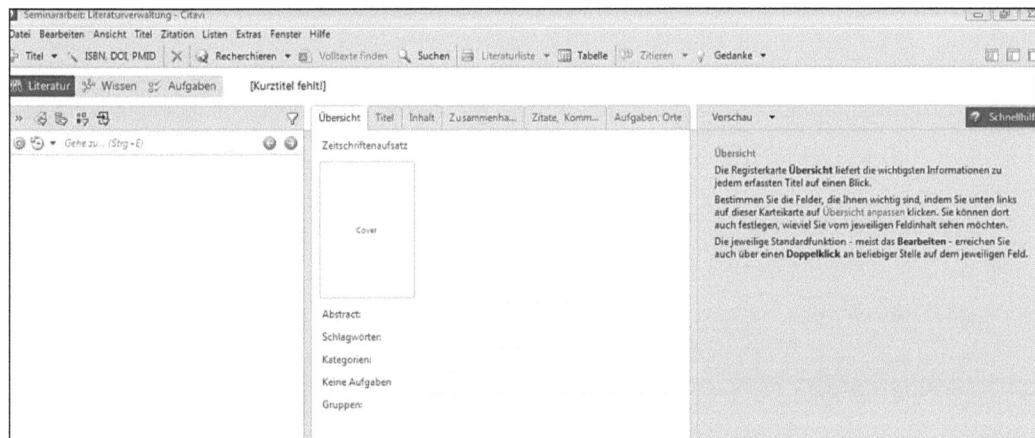

Abb. 26: Benutzeroberfläche von Citavi

2.2.2 Literaturverwaltung

Durch Klick auf das Listboxsymbol neben dem Eintrag Titel erscheint ein Auswahlmenü (siehe Abb. 27) mit den häufigsten Titeltypen.

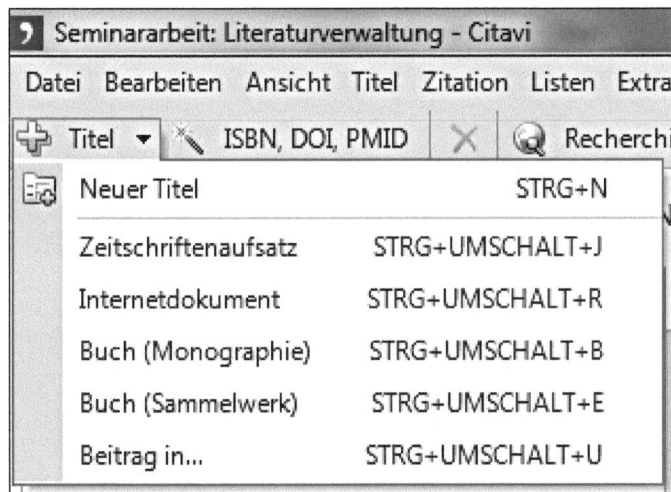

Abb. 27: Auswahlmenü für Titel

In Abhängigkeit von der Auswahl z. B. eines Buches (Monographie) erscheint eine spezifische Eingabemaske (siehe Abb. 28). Im rechten Teil des Bildschirms gibt es kontextabhängige Erläuterungen und Beispiele für das dort jeweils angewählte Feld.

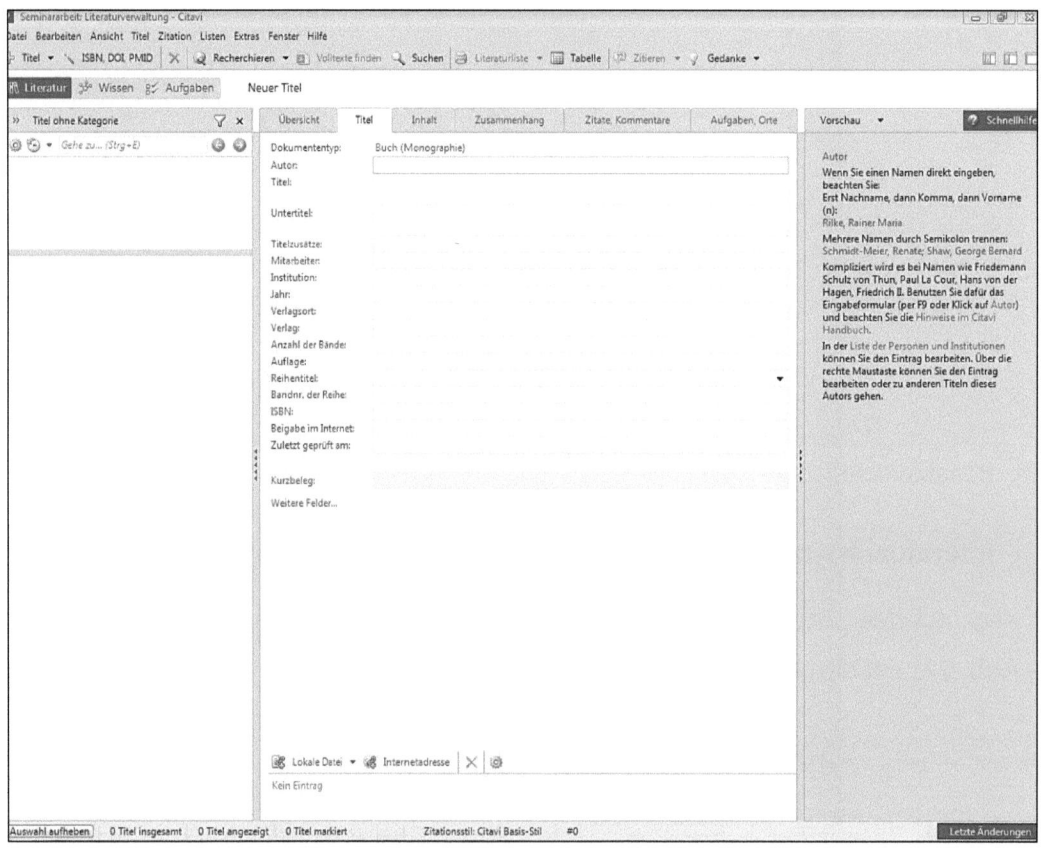

Abb. 28: Erfassungsmaske für ein Buch

Existiert eine ISBN bzw. ist diese bekannt, besteht die einfache Möglichkeit, durch Eingabe der ISBN in ausgewählten Bibliothekskatalogen zu recherchieren und bei einem Treffer alle relevanten Titelangaben in das Projekt zu übernehmen. Zu diesem Zweck wird in der Symbolleiste die Schaltfläche angewählt und ISBN, DOI, PMID in der Eingabemaske (siehe Abb. 29) die gewünschte ISBN eingegeben. Mit der Schaltfläche Eingabe übernehmen wird der Rechercheprozess gestartet und ein Treffer angezeigt. Mit der Schaltfläche Titel übernehmen wird dieser in die Literaturverwaltung von Citavi übernommen.

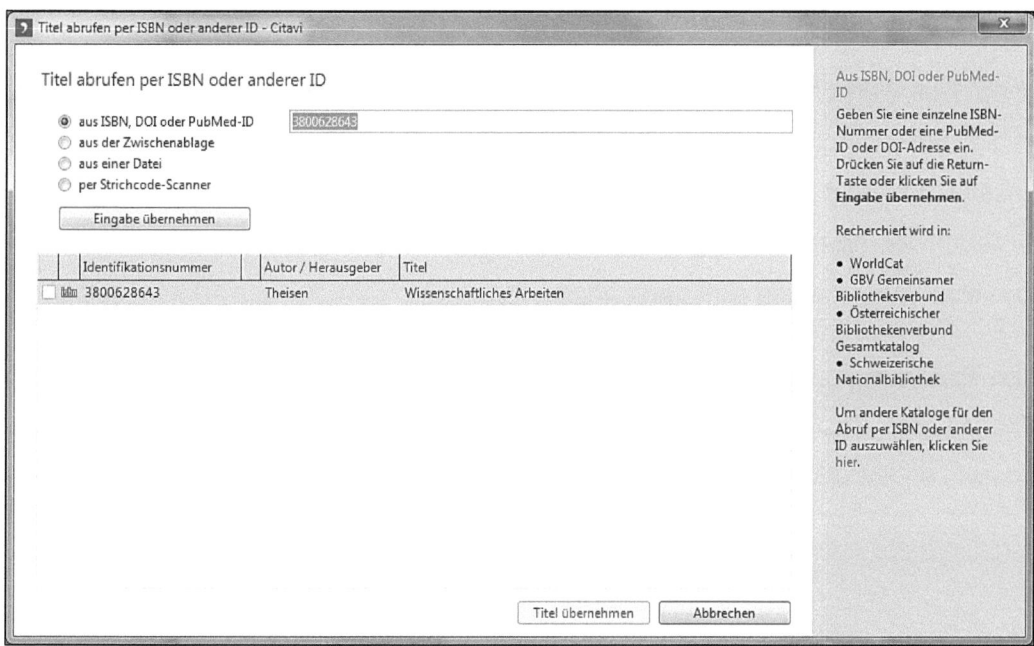

Abb. 29: Titelrecherche mit ISBN

Unter Titel sind sämtliche Informationen aus der Recherche eingetragen und unter Übersicht findet sich in der Regel auch ein Bild des Buchcovers. Die Titeleinträge (siehe Abb. 30) sollten prinzipiell kontrolliert werden, da es hier auch zu fehlerhaften Datenübernahmen kommen kann.

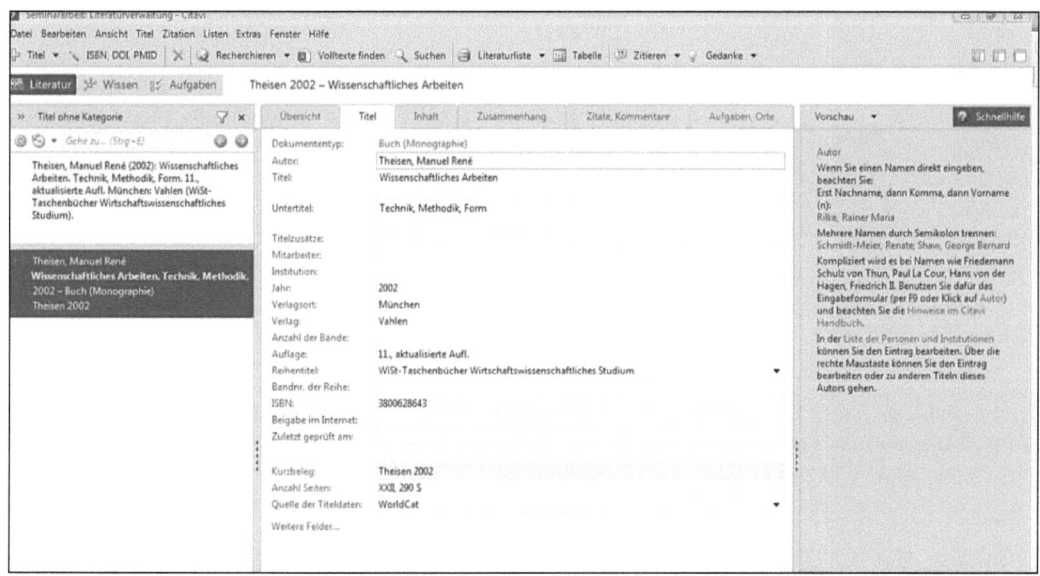

Abb. 30: Titelangaben

2.2.3 Zitationsstil

Sämtliche Titel werden in der Citavi-Literaturverwaltung gespeichert. Der Zitationsstil steuert die Darstellung der Titelangaben im Literaturverzeichnis. In Citavi sind zahlreiche Zitationsstile hinterlegt und bei Bedarf können diese jederzeit gewechselt, angepasst oder vollkommen neu erstellt werden. Die entsprechenden Zitate im Text sowie das Literaturverzeichnis passen sich dann an.

Oben im Text wurden die Vorgaben an den Zitationsstil bereits auf Seite 16 formuliert. Der Zitationsstil „Ebster, Stalzer 4th ed." erfüllt diese Vorgaben. Die Auswahl des Zitationsstils erfolgt über Zitation/Zitationsstile/Zitationsstil wechseln (siehe Abb. 31).

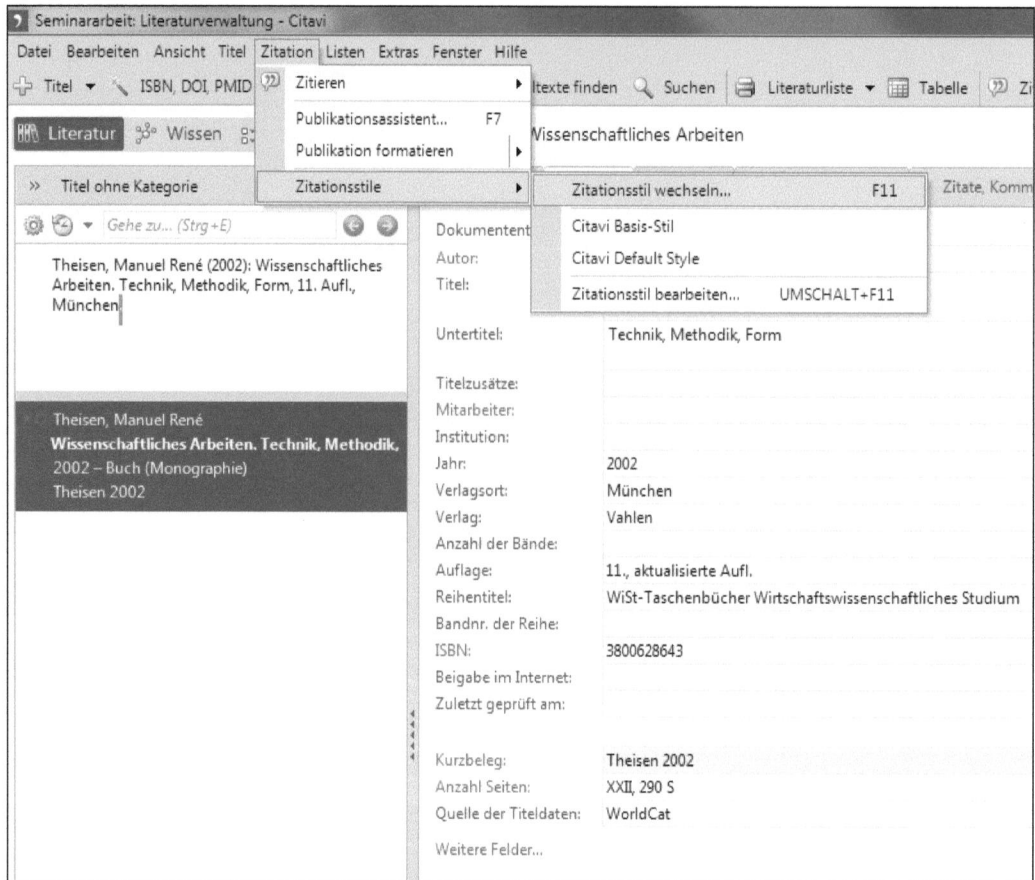

Abb. 31: Zitationsstil wechseln

Dieser Zitationsstil muss in Citavi gesucht werden, indem der entsprechende Menüpunkt mit Stil suchen angewählt wird. In die Suchmaske wird der Name des Stils

„Ebster" eingeben. Ein Klick auf den gefundenen Zitationsstil zeigt dann in der rechten Bildschirmseite eine Vorschau auf die Darstellung der Titelangaben. Mit der Schaltfläche Hinzufügen wird dieser Zitationsstil in das Projekt übernommen (siehe Abb. 32).

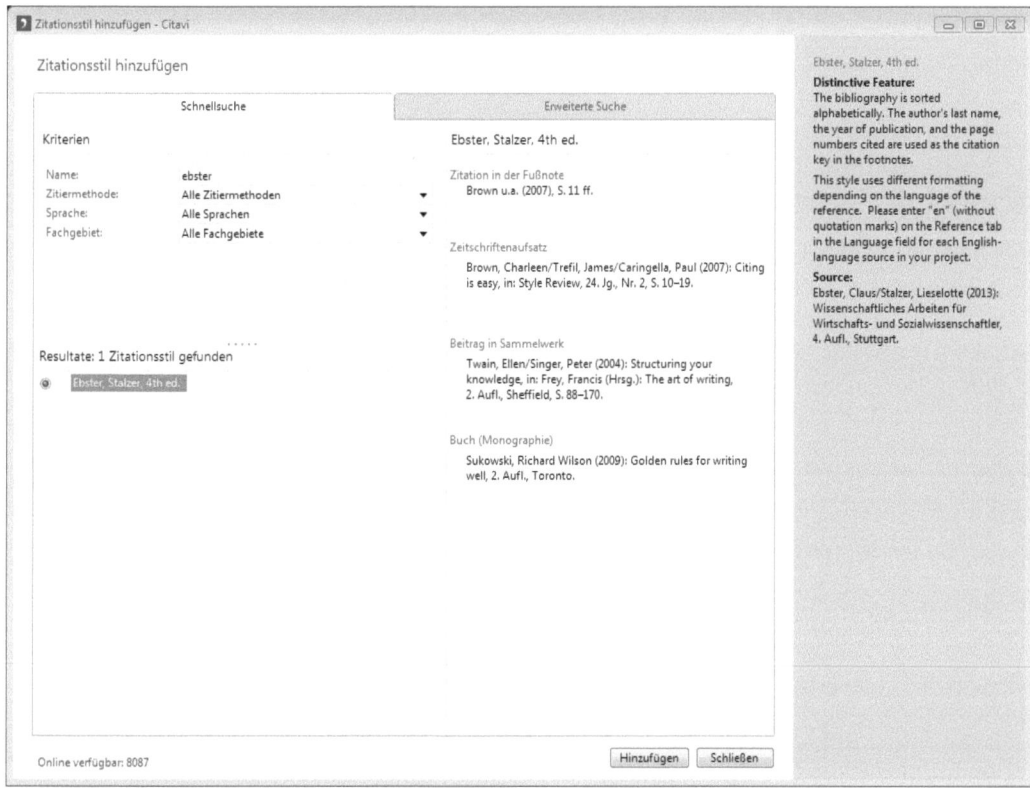

Abb. 32: Zitationsstil suchen und hinzufügen

Citavi wird für die Literaturerfassung und -verwaltung parallel zum Schreiben der Texte in Word genutzt werden.

3 Word

Das Verfassen einer wissenschaftlichen Arbeit erfolgt in der Regel mit einer Textverarbeitung auf einem Computer. Die folgenden Erläuterungen zur Arbeit mit Word gehen davon aus, dass der Leser bereits über Grundkenntnisse in Word 2013 verfügt. Die folgenden Darstellungen ersetzen daher nicht ein spezifisches Lehrbuch für Word 2013.

3.1 Einführende Überlegungen

Zwei Ratschläge, die bei der Erstellung von größeren Arbeiten immer beachtet werden sollten:

1. Dokumente sollten regelmäßig gespeichert und Sicherungskopien auf geeigneten Datenträgern (z.B. DVD, USB oder Cloud) außer Haus gelagert werden.
2. Die Formatierung der Arbeit sollte soweit möglich durch die Zuweisung von Formatvorlagen erfolgen, da diese eine einheitliche Formatierung des Dokuments erlauben und für die Erstellung von automatisierten Verzeichnissen (Inhalts-, Abbildungs- und Tabellenverzeichnis) eine unabdingbare Voraussetzung sind.

Bevor mit der eigentlichen wissenschaftlichen Arbeit begonnen wird, ist es empfehlenswert, sich zunächst ein Dokument, das dem grundsätzlichen Aufbau einer wissenschaftlichen Arbeit entspricht, mit allen gewünschten Funktionalitäten einzurichten und ausführlich zu testen. Erst wenn alle Verzeichnisse und Nummerierungen automatisch erstellt werden können und das Beispieldokument den Vorgaben des Betreuers entspricht, kann das Beispieldokument mit Inhalten überschrieben bzw. aufgefüllt werden. Dieses Testdokument kann auch als Vorlage für alle zukünftig zu erstellenden Arbeiten gespeichert werden.

Es lohnt sich, für das Einrichten des Dokumentes mehrere Stunden aufzuwenden und alle erforderlichen Funktionen ausgiebig zu testen. Es ist einfacher, in einem kurzen Beispieldokument Änderungen durchzuführen als in einem fertigen Dokument mit 30 oder mehr Seiten kurz vor dem Abgabetermin alles umformatieren zu müssen oder unter Abgabedruck die Verzeichnisse mit allen Risiken (vergessene Überschriften, falsche Seitenangaben, fehlerhafte Nummerierung etc.) händisch zu erstellen.

3.2 Wordumgebung einrichten

Word 2013 bietet zahlreiche Funktionen und Befehle. Dennoch gibt es einige Einstellungen, die vorgenommen werden sollten, damit das Arbeiten schneller und einfacher möglich ist.

3.2.1 Symbolleiste für den Schnellzugriff

In die Symbolleiste für den Schnellzugriff lassen sich häufig verwendete Befehle aufnehmen, die dann mit nur einem Mausklick ausführbar sind. In Tab. 1 sind die für die Darstellungen in diesem Buch sinnvollen Befehle auch mit den zugehörigen Tastenkombinationen dargestellt.

Befehl	Symbol	Tastenkombination	Beschreibung
Alle Anzeigen	¶	(Strg + *)	Blendet alle Formatierungszeichen ein oder aus.
Feldfunktionen anzeigen	{a}	(Alt + F9)	Macht alle Feldfunktionen sichtbar.
Fußnote einfügen	AB¹	(Strg + Alt + F)	Fügt an der Position der Einfügemarke eine Fußnote ein.

Tab. 1: Befehle für den Schnellzugriff

Um die Symbolleiste für den Schnellzugriff zu bearbeiten, wird in der Symbolleiste auf das schwarze Dreieck ▼ geklickt und dann Weitere Befehle... (siehe Abb. 33) ausgewählt.

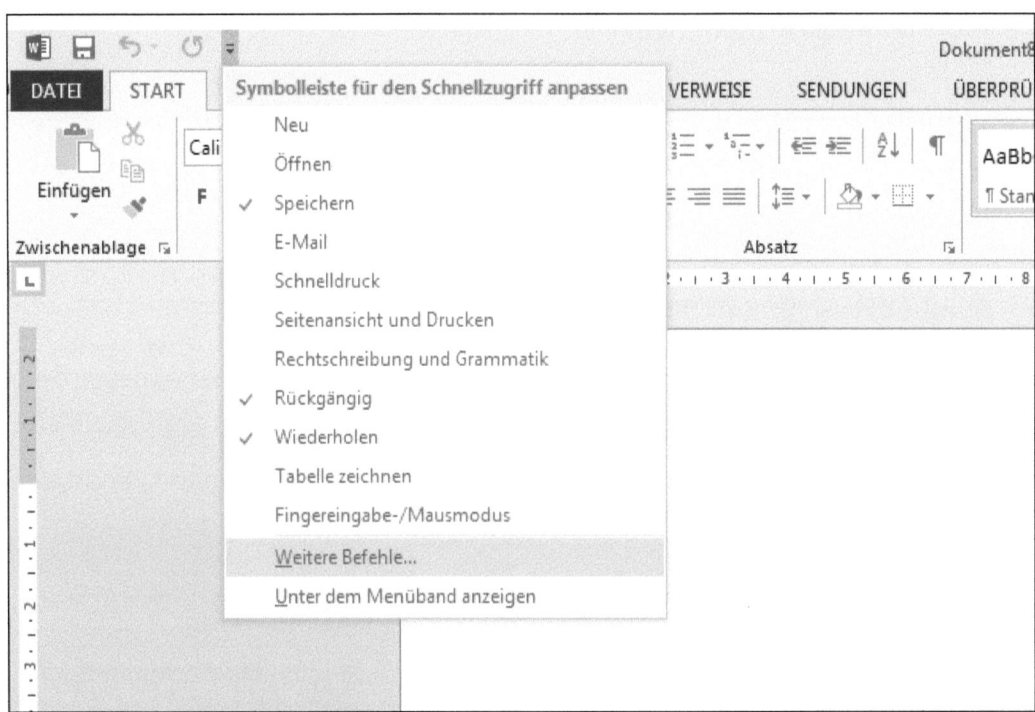

Abb. 33: Menü – Symbolleiste für den Schnellzugriff anpassen

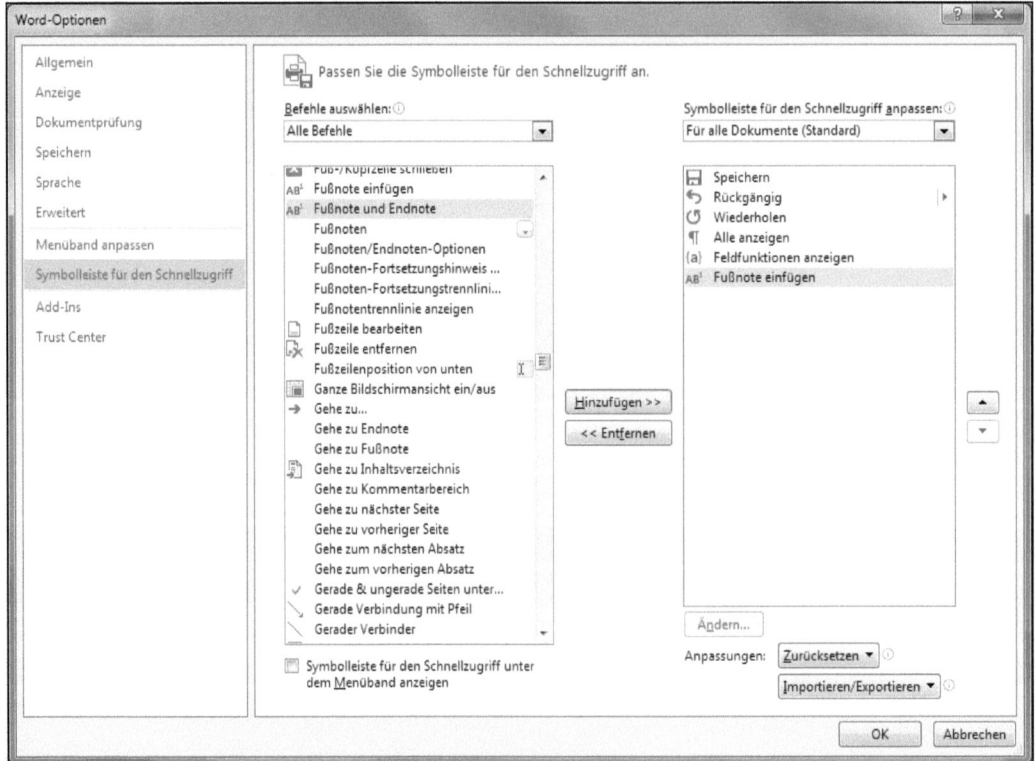

Abb. 34: Symbolleiste für den Schnellzugriff anpassen

Unter Befehle auswählen bitte Alle Befehle auswählen, im linken Auswahlmenü den Befehl Alle Anzeigen markieren und mit der Schaltfläche Hinzufügen >> in die Symbolleiste übernehmen (Abb. 34). Ebenso werden die Befehle Feldfunktionen anzeigen und Fußnote einfügen der Symbolleiste zugefügt.

3.2.2 Druckerauswahl

Die Darstellung des Dokuments auf dem Bildschirm ist vom aktuellen Drucker bzw. Druckertreiber abhängig, d.h. der Ausdruck der Arbeit kann auf verschiedenen Druckern zu unterschiedlichen Ergebnissen führen. Die Drucker unterscheiden sich durch ihre Mechanik und Papierführung und haben daher unterschiedliche nicht druckbare Randbereiche. Zudem gibt es Unterschiede in den implementierten Schriften. Daher können sich Zeilenwechsel, Seitenumbrüche sowie die Position von Abbildungen und Tabellen durch die Auswahl eines anderen Druckers verändern.

Um sicherzustellen, dass die fertige Arbeit mit dem Bildschirmlayout in der Druckvorschau übereinstimmt, sollte der Drucker, auf dem die Arbeit auch final ausgedruckt wird, bereits zu Beginn des Schreibens installiert bzw. ausgewählt werden.

3.2.3 Lineal

Für das Einstellen von hängenden Einzügen und dem Setzen von Tabulatoren ist das horizontale Lineal sehr nützlich. Falls das Lineal standardmäßig nicht angezeigt wird, kann es mit Ansicht/Anzeigen und dem Anwählen des Kontrollkästchens Lineal am Bildschirm angezeigt werden.

3.2.4 Statuszeile

Die Statuszeile ermöglicht die Einblendung weiterer sinnvoller Angaben. Durch einen Klick mit der rechten Maustaste in die Statuszeile erscheint das Auswahlmenü. Hilfreich ist die Auswahl von Abschnitt, Seitenzahl und Rechtschreib- und Grammatikprüfung.

3.2.5 Formatvorlagenbereich

Um eine einheitliche Formatierung der Arbeit sicherzustellen, können die zugewiesenen Formatvorlagen in der Entwurfs- und in der Gliederungsansicht direkt angezeigt werden (siehe Abb. 35).

Abb. 35: Formatvorlagenbereich in der Entwurfsansicht

Die erforderliche Eingabemaske wird durch Datei/Optionen/Erweitert erreicht. Unter Anzeigen (siehe Abb. 36) kann das Maß von 2,5 cm für die Breite des Formatvorlagenbereichs eingegeben werden.

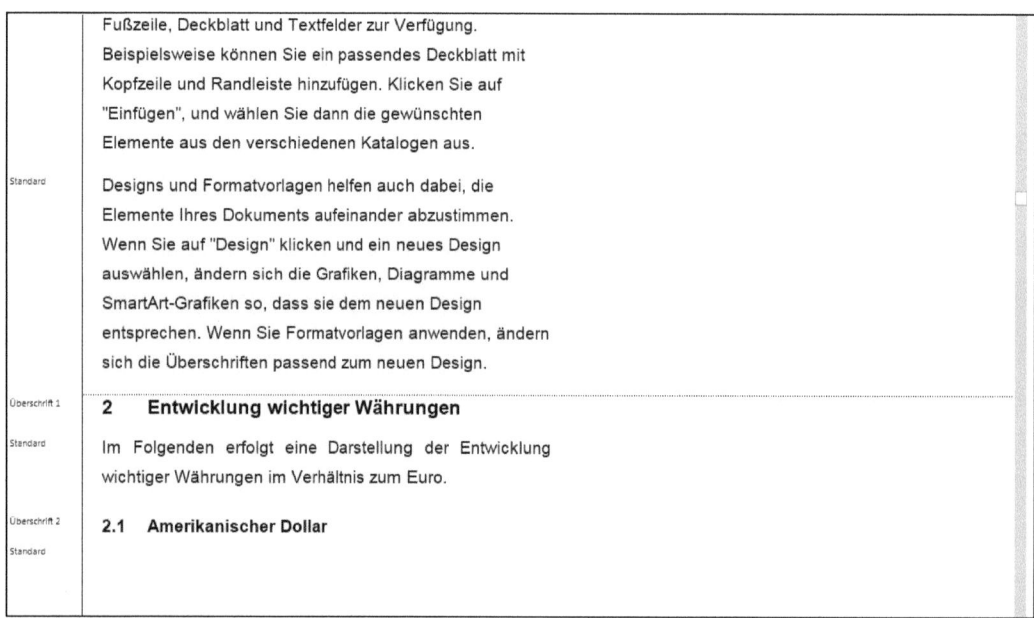

Abb. 36: Einstellung für den Formatvorlagenbereich

3.2.6 Rechtschreibung und Silbentrennung

In Datei\Optionen\Dokumentenprüfung sind folgende Optionen für die Korrektur auszuwählen (siehe Abb. 37):

- Rechtschreibung während der Eingabe überprüfen
- Grammatikfehler während der Eingabe markieren
- Grammatik zusammen mit Rechtschreibung überprüfen

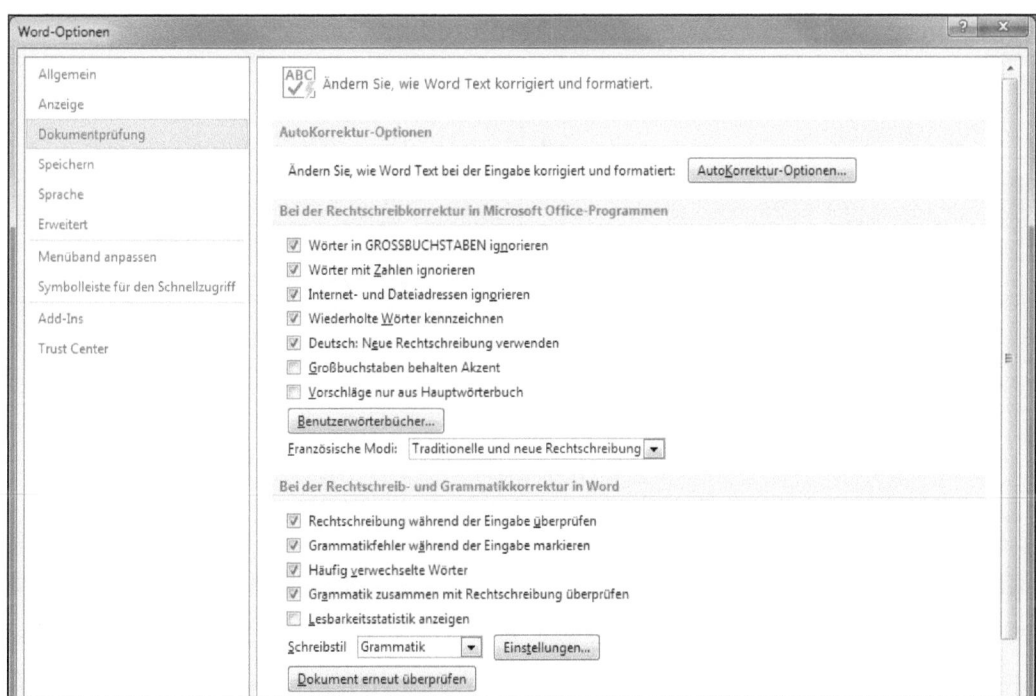

Abb. 37: Optionen für Rechtschreibung und Grammatik

Durch den Blocksatz kommt es im Text zu größeren Abständen zwischen den Wörtern. Um diese Abstände zu minimieren, ist die automatische Silbentrennung mit Seitenlayout/Silbentrennung/Automatisch einzuschalten.

3.2.7 Feldfunktionen

Sämtliche Nummerierungen und Verzeichnisse werden mit Hilfe von Feldfunktionen erstellt. Diese Funktionen sind in der Regel nicht sichtbar. Falls es dennoch einmal zu einer fehlerhaften Darstellung kommt, kann die Fehlersuche erleichtert werden, indem die Feldfunktionen mit Klick auf das Symbol {a} in der Leiste für den Schnellzugriff oder der Tastenkombination Alt + F9 angezeigt wird.

Beschreibung	Feldfunktion
Inhaltsverzeichnis	{ TOC \o "1-3" \h \z \u }
Abbildungsverzeichnis	{ TOC \h \z \c "Abb." }
Tabellenverzeichnis	{ TOC \h \z \c "Tab." }
Beschriftung Abbildung	{ SEQ Abb. * ARABIC }
Beschriftung Tabelle	{ SEQ Tab. * ARABIC }
Überschriftennummerierung	{ AUTONUMLGL * Arabic \e }
Seitennummerierung	{ PAGE * MERGEFORMAT }

Tab. 2: Notwendige Feldfunktionen

3.2.8 Citavi-Add-In

Über **Citavi/Ansicht/Aufgabenbereich** wird der Aufgabenbereich in der linken Bildschirmseite neben dem Dokument angezeigt. Hier kann das Word-Dokument mit einer Citavi-Projektdatei verknüpft werden, indem die entsprechende Projektdatei, z.B. Seminararbeit, (siehe Abb. 38) ausgewählt wird.

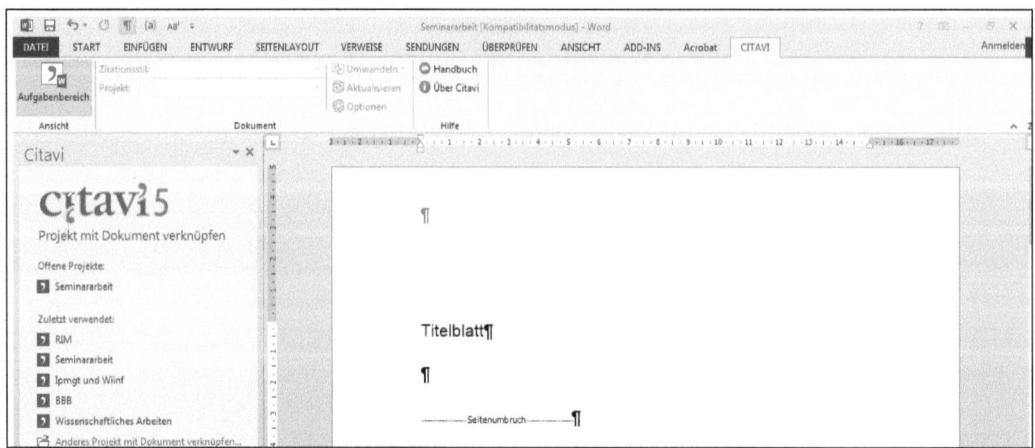

Abb. 38: Verknüpfung mit Citavi-Projekt

Nach erfolgreicher Verknüpfung werden im Menüband das Projekt sowie der ausgewählte Zitationsstil angezeigt. Über die Auswahlfelder **Dokument/Zitationsstil** und **Dokument/Projekt** können diese jederzeit geändert werden (siehe Abb. 39).

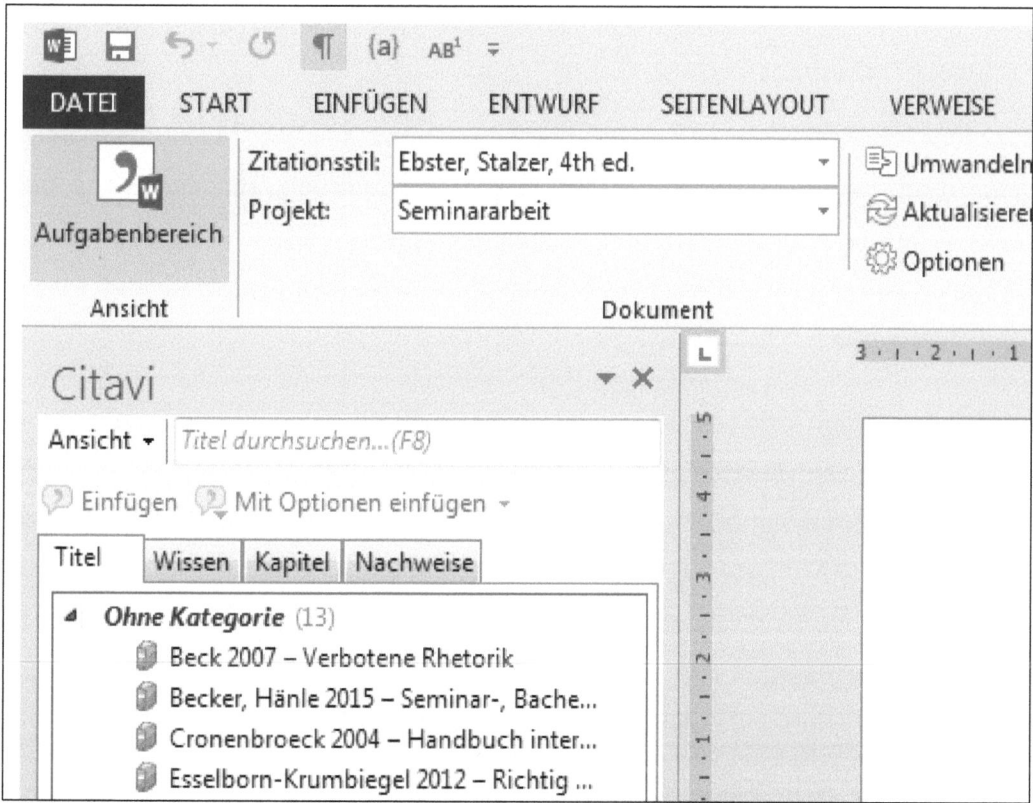

Abb. 39: Verknüpfung Word-Dokument mit Projekt „Seminararbeit"

3.3 Arbeiten mit Word

Hier wird an einem strukturierten Vorgehen aufgezeigt, wie eine wissenschaftliche Arbeit mit allen erforderlichen Funktionalitäten schnell und effizient zu erstellen ist.

3.3.1 Neues Dokument

Zu Beginn der Arbeit wird ein neues Dokument mit Datei/Neu/Leeres Dokument erstellt und unter einem aussagefähigen Namen (z.B. Seminararbeit, Bachelorarbeit oder Masterarbeit) gespeichert. Das Ablegen sollte in ein eigenes Verzeichnis vorgenommen werden. Dies geschieht, indem in der Symbolleiste für den Schnellzugriff auf das Diskettensymbol geklickt wird.

Entsprechend werden die Seitenränder mit Seitenlayout/Seitenränder/Benutzerdefinierte Seitenränder... festgelegt. Unter Seitenränder werden die Einstellungen (siehe Abb. 40 links) vorgenommen. Unter Layout wird bei Kopf- und Fußzeile festgelegt, dass die erste Seite des Dokumentes eine andere Kopf- und Fußzeile erhält. Hierzu bitte das Kontrollkästchen Erste Seite anders anwählen (siehe Abb. 40 rechts). Die erste Seite ist das Titelblatt und hierauf wird keine Seitennummerierung angezeigt. Der Abstand vom Seitenrand für Kopf- und Fußzeile bleibt bei 1,25 cm.

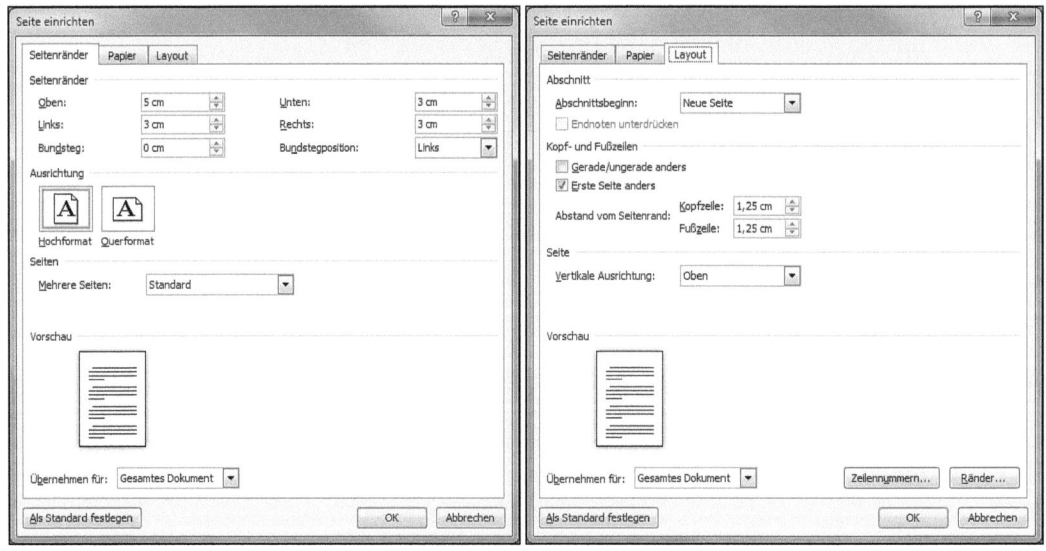

Abb. 40: Einstellungen für Seitenränder und Layout

3.3.2 Standardschrift und Standardabsatz

Absatzmarken und sonstige ausgeblendeten Formatierungssymbole werden angezeigt durch Klicken auf die Schaltfläche ¶ in der Symbolleiste für den Schnellzugriff.

Die Standardschrift ist die Schrift, mit welcher der Textteil in der Arbeit geschrieben wird. Folgende Einstellungen für die Standardschrift sind vorzunehmen: Die Schriftart Arial auswählen und einen Schriftgrad von 11 eingeben.

Der Zeilenabstand im normalen Text beträgt 1,5 Zeilen und der Abstand nach einem Absatz soll auf 12 Pt. eingestellt werden. Für die Ausrichtung des Textes bitte Blocksatz auswählen (siehe Abb. 41).

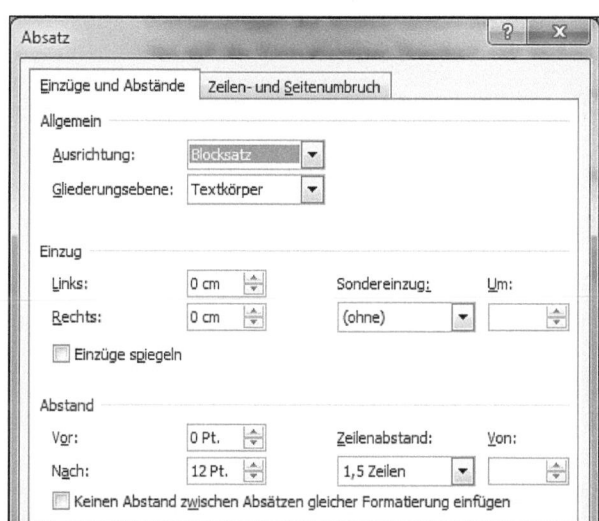

Abb. 41: Abstandseinstellungen für den Standardabsatz

Damit diese Einstellungen dauerhaft im Dokument gespeichert werden und für alle Standardabsätze immer gleich sind, muss jetzt die Formatvorlage Standard angepasst werden. Hierzu sollten zunächst die Formatvorlagen mit Start\Formatvorlagen\weitere eingeblendet werden (siehe Abb. 42).

Für die dauerhafte Änderung muss jetzt *Standard* ausgewählt werden. In der Formatvorlage Standard kann durch Klicken auf die nach unten zeigende Pfeilspitze eine Listbox geöffnet werden. Ein Klick auf Standard aktualisieren, um der Auswahl zu entsprechen bewirkt, dass sämtliche Formatierungen der markierten Textstelle in die Formatvorlage Standard übernommen werden.

Abb. 42: Formatvorlage für Standard festlegen

Dieses einfache Vorgehen zur Änderung vorhandener Formatvorlagen wird noch mehrfach durchzuführen sein mit den Formatvorlagen Überschrift 1, Überschrift 2, Überschrift 3, Verzeichnis 1, Verzeichnis 2, Verzeichnis 3, Beschriftung und Abbildungsverzeichnis.

3.3.3 Seitenumbrüche und Seitenzahlen

Im weiteren Verlauf wird das Grundgerüst einer Arbeit mit den Elementen Titelblatt, Inhaltsverzeichnis, Abbildungsverzeichnis, Tabellenverzeichnis, Abkürzungsverzeichnis, Textteil (eigentliche Arbeit) und Literaturverzeichnis erstellt.

In dem neu erstellten Dokument (z. B. Seminararbeit) wird eine Überschrift (z.B. Titelblatt) eingegeben und dann zweimal die Eingabetaste betätigt. Abschließend ist ein

Seitenumbruch mit Strg + Eingabetaste einzufügen, da jedes Kapitel immer auf einer neuen Seite beginnt. Genauso wird mit den nächsten Elementen Inhalts-, Abbildungs- und Tabellenverzeichnis etc. verfahren.

Für umfangreiche wissenschaftliche Arbeiten sind Seitenangaben erforderlich. Hierzu wird auf Seite 2 zunächst die Kopfzeile durch Klicken mit der Maus im oberen Rand des Dokuments aktiviert. Jetzt erscheinen die Kopf- und Fußzeilentools. Um eine Seitenzahl einzufügen, wird mit Entwurf/Kopf-und Fußnote/Seitenzahl/Seitenzahlen die erste Option ausgewählt (siehe Abb. 43). Die Seitenzahl ist dann noch zwischen zwei Spiegelstriche einzubetten und in der Seitenmitte zu zentrieren.

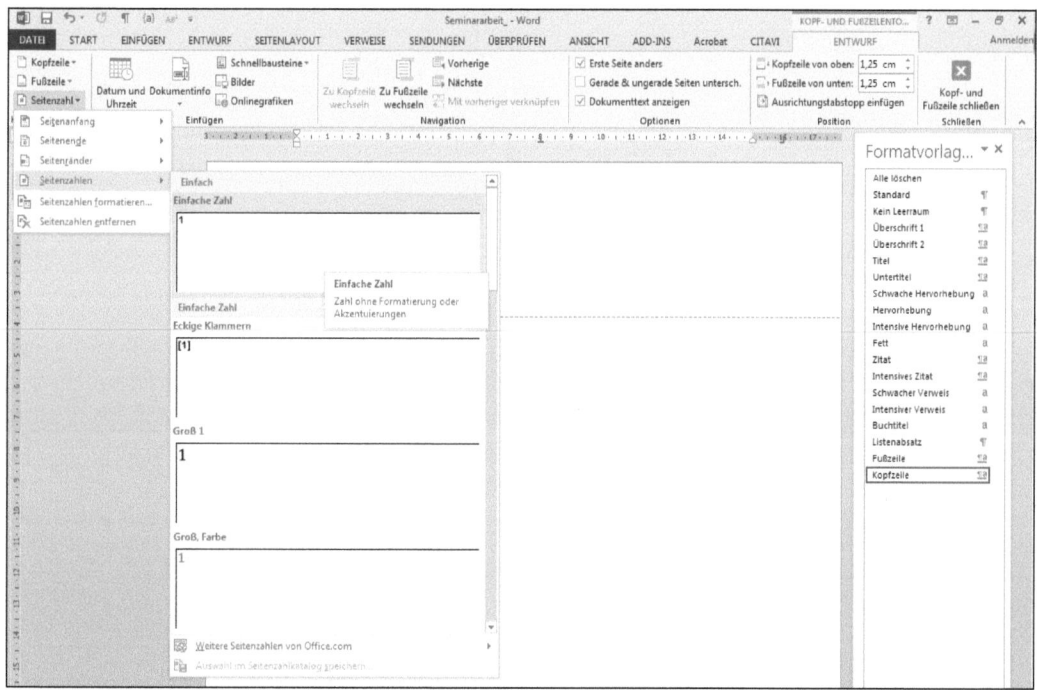

Abb. 43: Seitenzahl für die Kopfzeile

Das Ergebnis des Beispieldokuments sollte aussehen wie in Abb. 44 und Abb. 45.

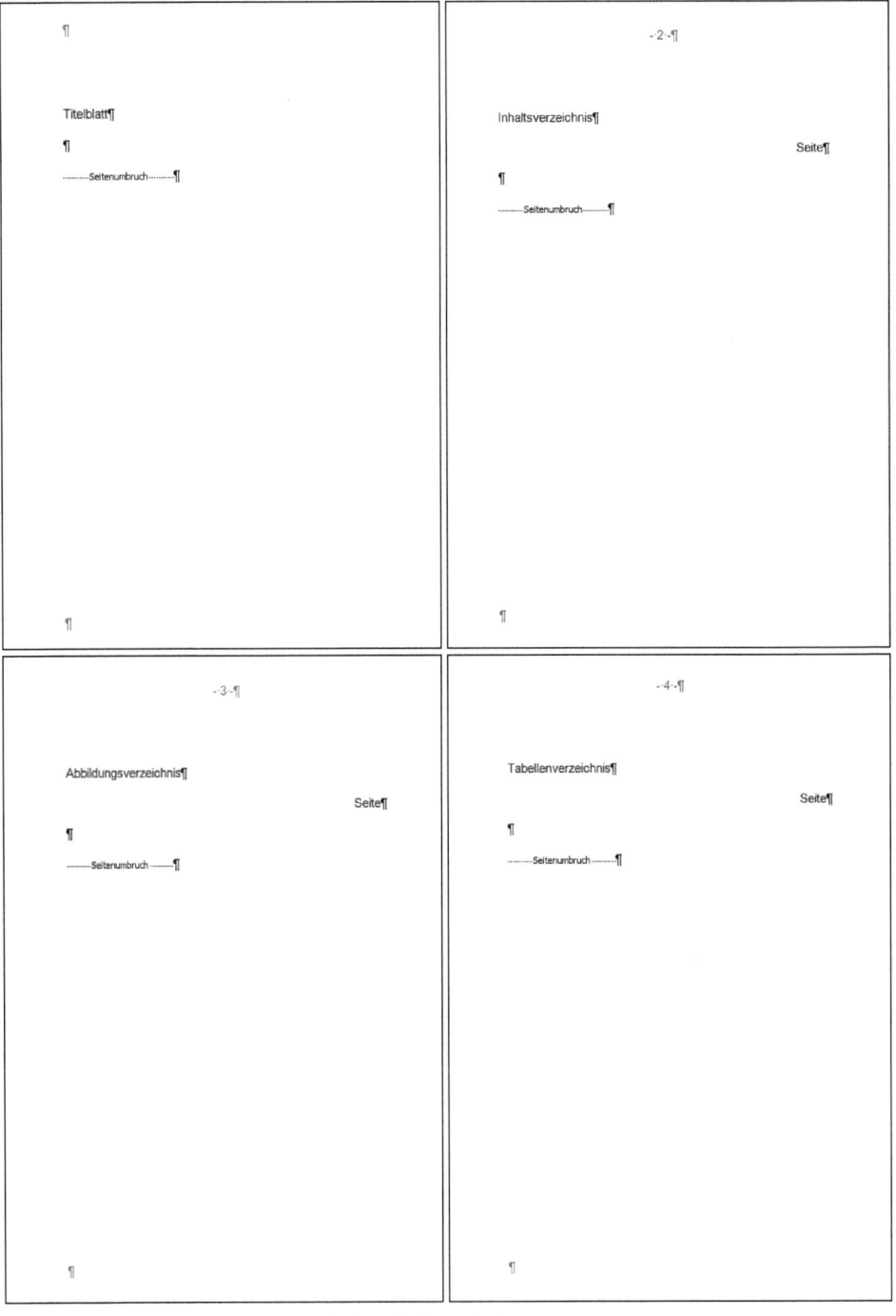

Abb. 44: Beispieldokument mit den Seiten 1-4

Abb. 45: Beispieldokument mit den Seiten 5-7

3.3.4 Abschnittswechsel

Sämtliche Verzeichnisse werden mit römischen Ziffern und der Textteil sowie der Anhang und das Literaturverzeichnis mit arabischen Ziffern nummeriert. Die Seitenzahl des Inhaltsverzeichnisses beginnt mit der römischen Ziffer II und der Textteil mit der arabischen Ziffer 1.

Um einen Wechsel der Seitenzahlen zwischen römischen und arabischen Ziffern vorzunehmen, ist ein Abschnittswechsel vor dem Textteil nötig, d.h. der Seitenumbruch nach dem Abkürzungsverzeichnis auf Seite 5 des Beispieldokuments wird gelöscht und ersetzt. Ein Klick auf Seitenlayout/Umbrüche/Abschnittswechsel/Nächste Seite ermöglicht dies.

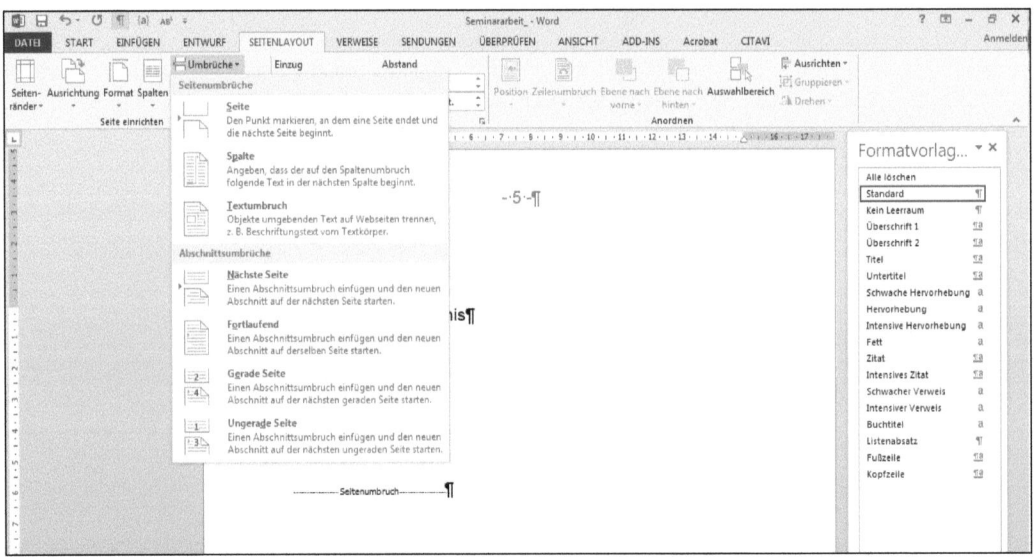

Abb. 46: Abschnittswechsel auf der nächsten Seite

Jetzt muss die Seitenzahl für die Verzeichnisse im ersten Abschnitt in römische Ziffern geändert werden. Hierzu wird mit der Maus in eine Kopfzeile des ersten Abschnitts, d.h. in eine Kopfzeile vor dem Abschnittswechsel geklickt. Zur besseren Orientierung wird die Information Abschnitt in der Statuszeile eingeblendet.

Mit Kopf- und Fußzeilentools/Entwurf/Kopf- und Fußzeile/Seitenzahl/Seitenzahl formatieren besteht die Möglichkeit, das römische Zahlenformat auszuwählen (siehe Abb. 47).

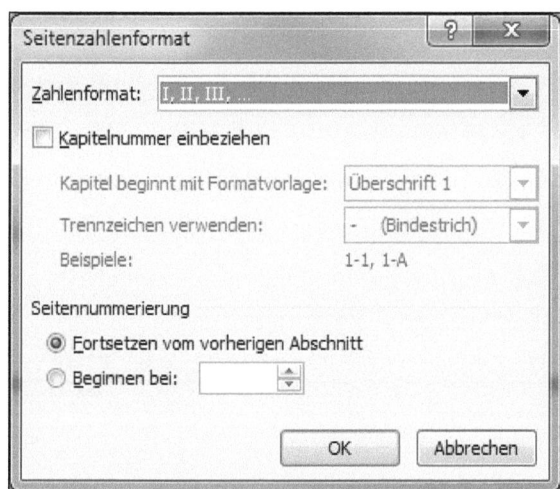

Abb. 47: Seitenzahlenformat ändern

Es fällt auf, dass der Textteil in Abschnitt 2 (siehe Abb. 48) keine Seitenzahl mehr aufweist. Erst mit dem Literaturverzeichnis beginnt wieder die arabische Nummerierung mit der Ziffer 7. Dies ist der Einführung des Abschnittswechsels geschuldet.

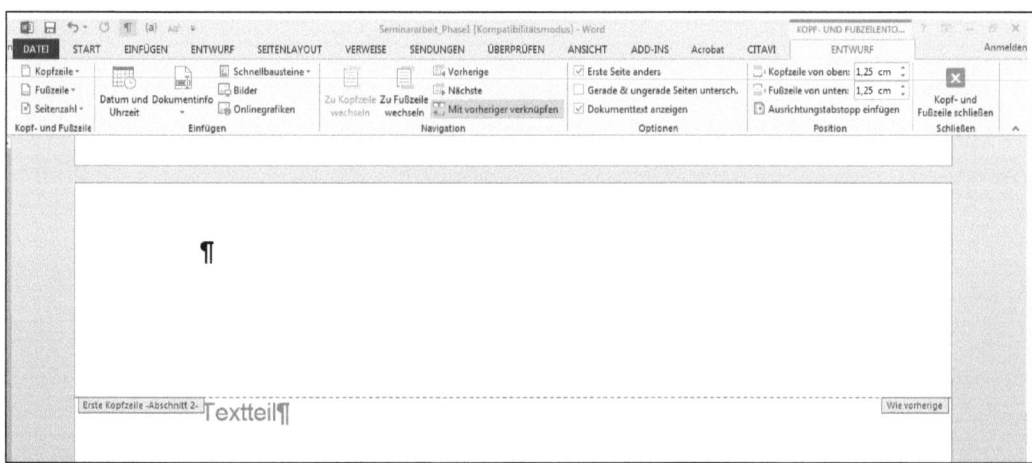

Abb. 48: Fehlende Seitenzahl im zweiten Abschnitt

Mit dem Abschnittswechsel gelten wieder die Einstellungen aus Abb. 40, d.h. die Kopf- und Fußzeile der ersten Seite wird anders dargestellt, d.h. es gibt auf der ersten Seite des neuen Abschnitts keine Seitenzahl. Um dies zu ändern, gehen wir in die Kopfzeile im Abschnitt 2 und entfernen aus den Optionen das Kreuz aus dem Kontrollkästchen Erste Seite anders.

Jetzt hat die erste Seite des zweiten Abschnitts, d.h. die erste Seite des Textteils wieder eine Seitenzahl. Die Seitennummerierung beginnt hier fortlaufend mit der Ziffer 6. Sie muss jetzt noch geändert werden, damit die Seitennummerierung mit der Ziffer 1 beginnt. Nach Kopf-und Fußzeilentools/Entwurf/Kopf-und Fußzeile/Seitenzahl/ Seitenzahl formatieren besteht die Möglichkeit, unter Seitennummerierung/Beginnen bei die Startzahl der Nummerierung einzugeben (siehe Abb. 49).

Abb. 49: Beginn der Seitennummerierung definieren

Das Ergebnis des Abschnittswechsels sowie die Änderung der Nummerierung ist in Abb. 50 zu sehen.

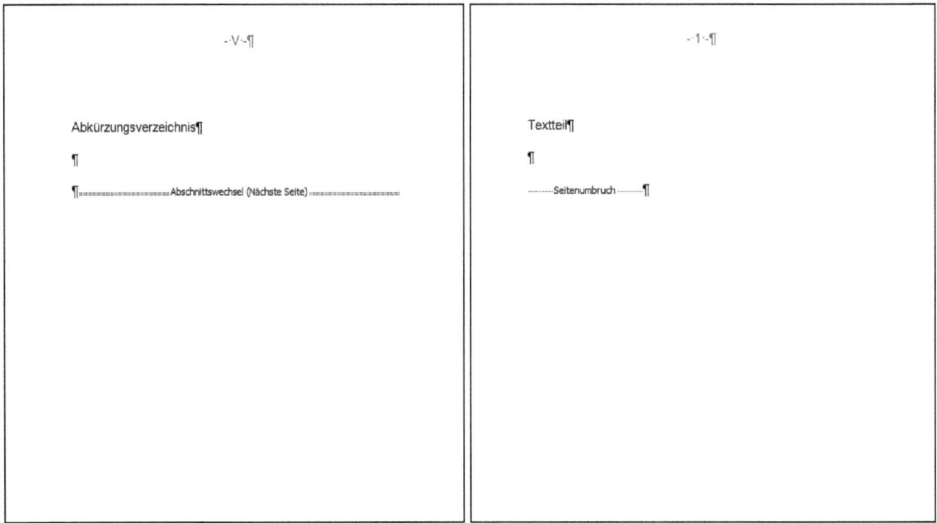

Abb. 50: Abschnittswechsel und arabische Nummerierung im Textteil

3.3.5 Textteil

Um die Funktionsfähigkeit des Abbildungs- und Tabellenverzeichnisses testen zu können, wird der Inhalt des Textteils wie folgt erweitert:

1 Zielsetzung und Aufbau
  Zufallstext[4] und Seitenumbruch einfügen
2 Entwicklung wichtiger Währungen
  2.1 Amerikanischer Dollar
      beliebige Grafik und leere Tabelle einfügen
  2.2 Japanischer Yen
      beliebige Grafik und leere Tabelle einfügen
  2.3 Euro
      beliebige Grafik und leere Tabelle einfügen
3 Fazit
  Zufallstext und Seitenumbruch einfügen

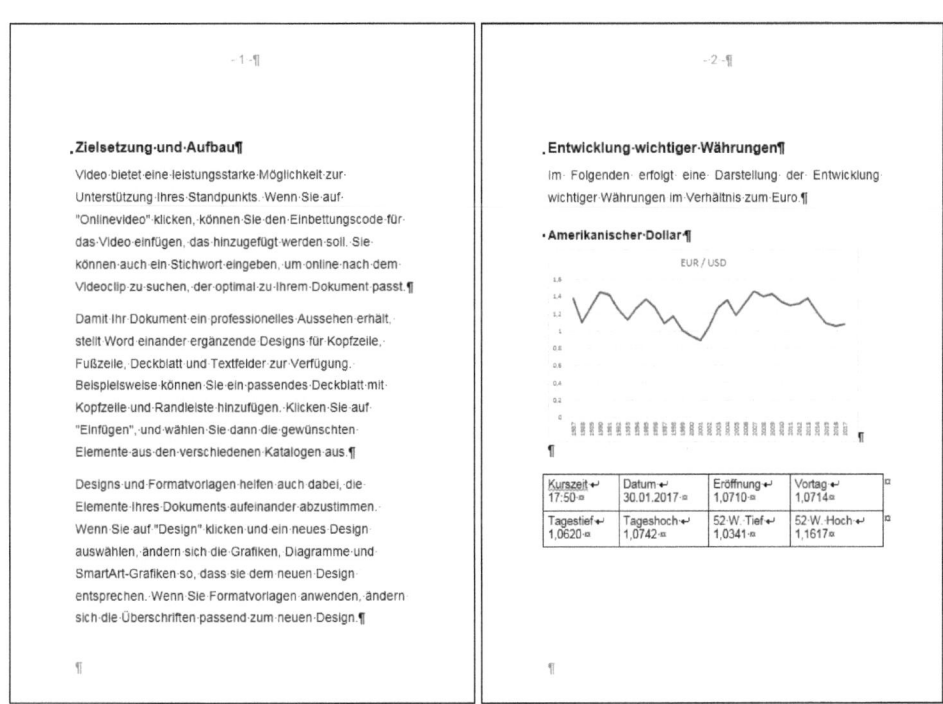

Abb. 51: Erweiterter Textteil

---

[4] Zufallstext lässt sich mit der Funktion =Rand() + Eingabetaste erzeugen.

3.3.6 Überschriftennummerierung und Inhaltsverzeichnis

Um ein automatisiertes Inhaltsverzeichnis erstellen zu können, muss jeder Überschrift die entsprechende Formatvorlage Überschrift 1, Überschrift 2, Überschrift 3 etc. zugewiesen werden.

Die Zuweisung der Formatvorlage Überschrift 1 beginnt beim Abbildungsverzeichnis. Hierzu wird der Absatz mit dem Wort Abbildungsverzeichnis markiert. Dadurch erhält der Absatz ein neues Format (z. B. blaue Schrift). Das zugewiesene voreingestellte Format entspricht noch nicht der Vorgabe. Die vorzunehmenden Änderungen sind in Tab. 3 dargestellt:

	Überschrift 1	Überschrift 2	Überschrift 3
Schriftfarbe	schwarz	Schwarz	Schwarz
Schriftart	Arial	Arial	Arial
Schriftgrad	13 Pt.	11 Pt.	11 Pt.
Abstand vor	0 Pt.	18 Pt.	18 Pt.
Abstand nach	6 Pt.	0 Pt.	6 Pt.
Sondereinzug	Hängend um 1,5 cm	Hängend um 1,5 cm	Hängend um 1,5 cm

Tab. 3: Überschriftenformate

Nachdem die Zeichen- und Absatzformatierungen für die Überschrift durchgeführt wurden, muss jetzt noch die Formatvorlage Überschrift 1 an das neue Format angepasst werden. Durch Wiederholung der Schritte, die bereits bei der Änderung der Formatvorlage Standard auf Seite 44 angewandt wurden, lässt sich dies bewerkstelligen. Jetzt kann allen Überschriften der ersten Ebene die Formatvorlage Überschrift 1 zugewiesen werden.

Ähnlich wird mit der Überschrift der Ebene 2 verfahren. Hierzu wird die Überschrift Amerikanischer Dollar markiert und dann die Formatvorlage Überschrift 2 zugewiesen. Die Anpassungen aus Tab. 3 sind vorzunehmen. Falls die Formatvorlage Überschrift 2 erstmalig einem Absatz zugewiesen wird, erscheint automatisch die Formatvorlage

Überschrift 3 in der Auswahl der Formatvorlagen. Nach der Anpassung der Formatvorlage Überschrift 2 kann das neue Format den restlichen Überschriften der Ebene 2 zugewiesen werden.

Jetzt fehlen noch die Nummerierungen für die Überschriften. Das Format für die Nummerierung sind arabische Ziffern ohne nachfolgenden Dezimalpunkt (1, 1.1, 1.1.1 etc.). Die Nummerierung erfolgt mit Hilfe der Feldfunktion AutoNumLgl (siehe Tab. 2) und passt sich entsprechend der Überschriftenebene automatisch an. Die Einfügemarke wird vor das Wort Einleitung positioniert und mit ˙Einfügen/Text/Schnellbausteine/Feld erscheint die Auswahlmaske mit den zur Verfügung stehenden Feldfunktionen (siehe Abb. 52). Die benötigte Darstellung wird mit dem Feldnamen AutoNumLgl im Format 1, 2, 3,... und mit der Feldoption Nummern im juristischen Format ohne nachstehende Punkt anzeigen erreicht.

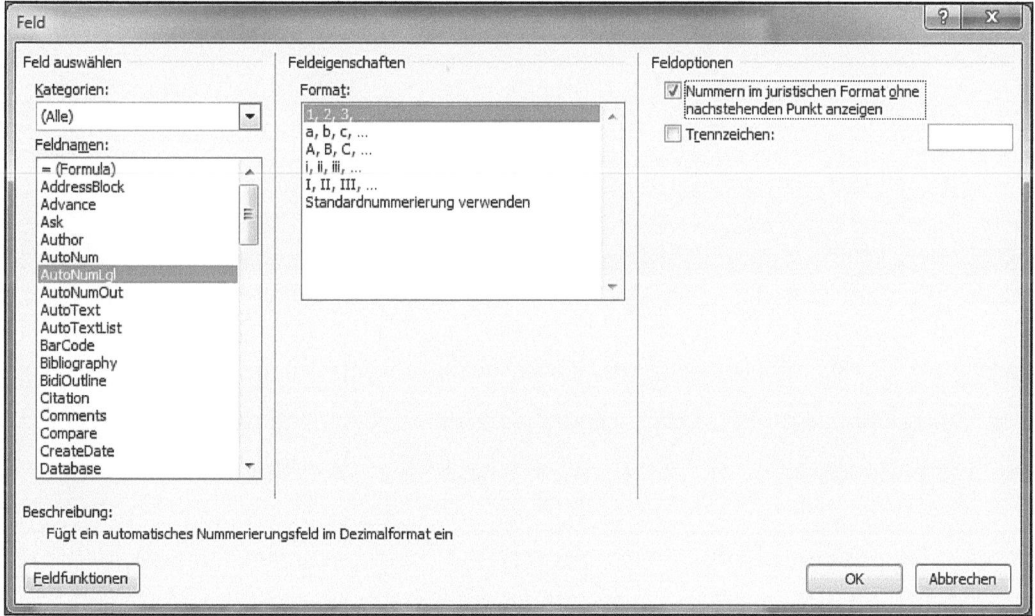

Abb. 52: Feld mit Eigenschaften und Optionen einfügen

Nach dem Drücken der Schaltfläche OK wird die Feldfunktion mit der Nummer 1 vor der Überschrift Zielsetzung und Aufbau eingefügt. Zwischen der Ziffer 1 und dem Wort Zielsetzung wird ein Tabulator eingefügt. Die Ziffer 1 inklusive Tabulator wird markiert und mit der Tastenkombination STRG + C in die Zwischenablage kopiert. Jetzt kann dieses Feld vor jeder Überschrift aus der Zwischenablage eingefügt werden (siehe Abb. 53).

Wenn im Laufe des Schreibens eine neue Überschrift hinzukommt, ist es am einfachsten, den kompletten Absatz einer bestehende Überschrift zu kopieren und an der gewünschten Stelle einzufügen. Danach kann der Text und ggf. über die Zuweisung einer anderen Formatvorlage auch die Überschriftenebene geändert werden.

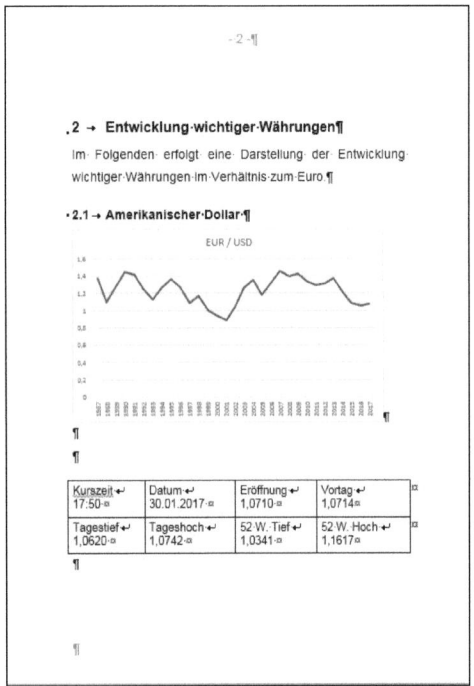

Abb. 53: Überschriften mit Nummerierung

Nachdem jeder Überschrift die entsprechende Formatvorlage zugewiesen wurde, kann das Inhaltsverzeichnis erstellt werden. Hierzu wird auf der Seite mit dem Inhaltsverzeichnis (Seite II) die Einfügemarke in die leere Zeile unter dem Wort Seite positioniert.

Die Konfiguration des Inhaltsverzeichnisses wird durch folgende Befehle bewerkstelligt: Verweise/Inhaltsverzeichnis/Inhaltsverzeichnis/Inhaltsverzeichnis einfügen. Wichtig ist, dass bei Formate Von Vorlage ausgewählt wird (siehe Abb. 54). Dies bedeutet, dass bei der Formatierung des Inhaltsverzeichnisses jeder Überschriftenebene eine eigene Formatvorlage zugewiesen wird. Der Formatvorlage Überschrift 1 im Text wird im Inhaltsverzeichnis die Formatvorlage Verzeichnis 1 zugewiesen und der Überschrift 2 im Text die Formatvorlage Verzeichnis 2 usw.

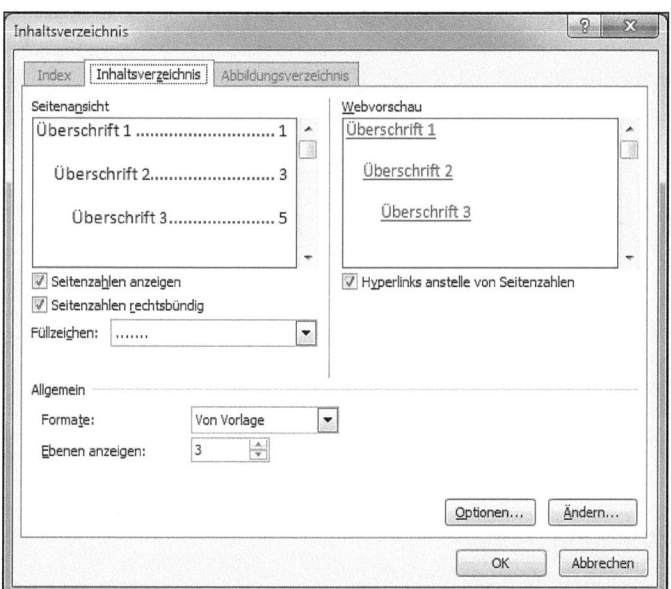

Abb. 54: Inhaltsverzeichnis konfigurieren

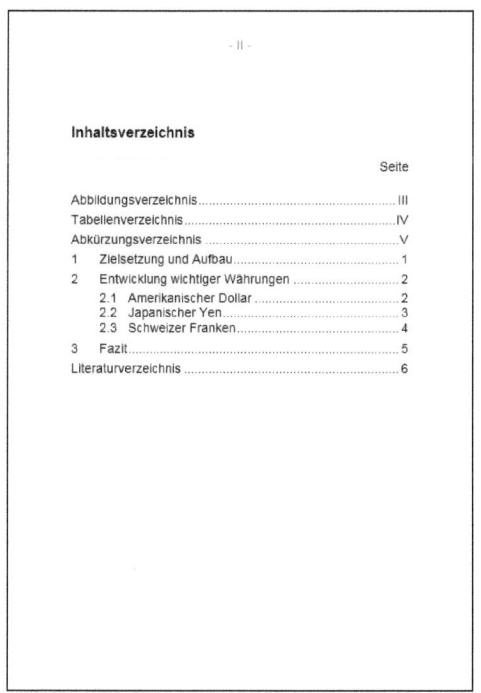

Abb. 55: Inhaltsverzeichnis mit abgestufter Gliederung

Für ein im Abstufungsprinzip gegliedertes Inhaltsverzeichnis (siehe Abb. 55) müssen die Formatvorlagen noch entsprechend angepasst werden. Hier können die gewünschten Änderungen wieder für jede Verzeichnisebene direkt im Inhaltsverzeichnis durchgeführt und dann die eingestellten Formatierungen den entsprechenden Formatvorlage Verzeichnis 1, Verzeichnis 2 etc. zugewiesen werden. Für die Verzeichnisse 1 - 3 gelten folgende Einstellungen:

Verzeichnis 1	Abstand	Einzug Links: 0,0 cm Hängend: 0,75 cm Rechts: 1,5 cm
		Zeilenabstand: einfach Vor: 12 Pt. Nach: 3 Pt.
	Tabstopp	Links 0,75 cm Rechts 15,0 cm
Verzeichnis 2	Abstand	Einzug Links: 0,75 cm Hängend: 1,0 cm Rechts: 1,5 cm
		Zeilenabstand: einfach Nach: 3 Pt.
	Tabstopp	Links 1,75 cm Rechts 15,0 cm
Verzeichnis 3	Abstand	Einzug Links: 1,75 cm Hängend: 1,5 cm Rechts: 1,5 cm
		Zeilenabstand: einfach Nach: 3 Pt.
	Tabstopp:	Links 3,25 cm Rechts 15,0 cm

Tab. 4: Absatzformatierungen für die Verzeichnisse 1 bis 3

Die Überschrift Inhaltsverzeichnis muss noch an das Format der anderen Überschriften angepasst werden. Die Formatvorlage Überschrift 1 greift hier nicht, da sonst im Inhaltsverzeichnis der Eintrag Inhaltsverzeichnis aufgenommen würde. Am besten gelingt dies mit dem Befehl Format übertragen. Durch die Markierung einer Überschrift der Ebene 1 kann das Format auf das Wort Inhaltsverzeichnis übertragen werden.

Immer wenn im Laufe des Schreibens weitere Überschriften eingefügt werden, muss das Inhaltsverzeichnis aktualisiert werden.[5] Hierzu wird das Inhaltsverzeichnis markiert und die Taste F9 gedrückt. Es erscheint die Auswahl (siehe Abb. 56), ob nur die Seitenzahlen aktualisiert werden sollen oder das gesamte Verzeichnis. Wenn es neue Überschriften gibt, dann wird die Option Gesamtes Verzeichnis aktualisieren gewählt.

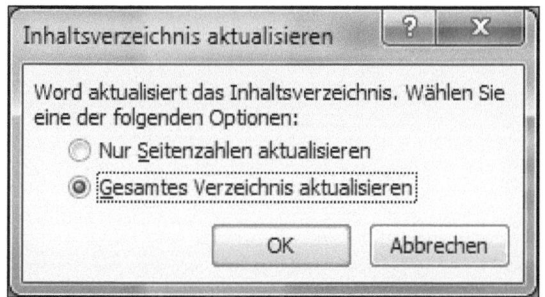

Abb. 56: Aktualisierung des Inhaltsverzeichnisses

3.3.7 Abbildungs- und Tabellenverzeichnis

Abbildungen und Tabellen sind mit einer Beschriftung und einer Quellenangabe zu versehen. Abbildungen sollen mit der Abkürzung Abb. und Tabellen mit der Abkürzung Tab. in der Beschriftung erscheinen. Um eine erste Bildunterschrift einzufügen, ist eine Positionierung der Einfügemarke unterhalb der Abbildung mit dem Dollar nötig. Mit Verweise/Beschriftungen/Beschriftungen einfügen erscheint die Abb. 57.

Abb. 57: Beschriftung festlegen

---

[5] Zwischenüberschriften, die nicht im Inhaltsverzeichnis stehen, sind nicht gestattet.

Da die Beschriftung Abb. bzw. Tab. lauten soll, muss hier Neue Bezeichnung angewählt werden. Es erscheint die Eingabemaske für die neue Bezeichnung (siehe Abb. 58).

Abb. 58: Beschriftung hinzufügen

Danach wird die Bezeichnung Abb. 1 bzw. Tab. 1 eingefügt. Die Nummerierung erfolgt automatisch mit Hilfe der Feldfunktion {SEQ Abb.}. bzw. {SEQ Tab.}. Hinter der Nummer ist ein Doppelpunkt und dann der entsprechenden Text z. B. Jahresschlusskurse EUR / USD einzugeben.

Jetzt muss die Beschriftung noch entsprechend formatiert und dann wieder der Formatvorlage Beschriftung zugewiesen werden:
- Schriftart Arial mit Schriftfarbe schwarz und Schriftgrad 10
- Sondereinzug: Hängend um 1,5 cm
- Abstand nach: 0 Pt
- Zeilenabstand: einfach

Die Beschriftung einer neuen Abbildung oder Tabelle orientiert sich an der Kopie einer bereits existierenden Beschriftung, die entsprechend abgeändert wird. Eine Aktualisierung der Abbildungs-/Tabellennummer gelingt durch Markieren der Beschriftung und Drücken der Taste F9.

Es ist für eine wissenschaftliche Arbeit erforderlich, unter jede Abbildung/Tabelle eine entsprechende Quellenangabe zur Verfügung zu stellen (siehe Abb. 59), außer die zugrundeliegenden Daten sind selbst erhoben. Dies geschieht nicht mit Hilfe einer Fußnote, sondern indem die Daten direkt unter der Abbildung genannt werden. Dieser Zeile darf NICHT die Formatvorlage Beschriftung zugewiesen werden, da sonst die Quellenangabe ebenfalls im Abbildungs-/Tabellenverzeichnis auftauchen würde. Es sollte eine eigene Formatvorlage Quellenangabe mit folgenden Formaten angelegt werden:

- Schriftart Arial mit Schriftfarbe schwarz und Schriftgrad 10
- Einzug: Links 1,5 cm
- Abstand vor: 0 Pt, Abstand nach: 12 Pt, Zeilenabstand einfach

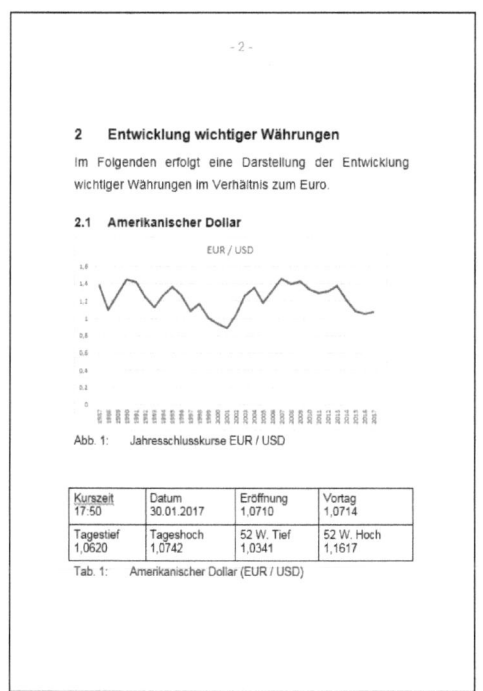

Abb. 59: Beschriftung mit Quellenangabe

Nachdem jede Abbildung bzw. Tabelle mit einer Beschriftung versehen wurde, können die entsprechenden Verzeichnisse eingefügt werden. Word bezeichnet jedes Verzeichnis, das auf der Formatvorlage Beschriftung basiert als Abbildungsverzeichnis. Für das Abbildungsverzeichnis/Tabellenverzeichnis erfolgt die Positionierung der Einfügemarke auf Seite III/Seite IV vor die Absatzmarke in der Leerzeile unter dem Wort Seite.

Mit Verweise/Beschriftungen/Abbildungsverzeichnis einfügen/Abbildungsverzeichnis erscheint die Konfigurationsmaske für das Abbildungsverzeichnis (siehe Abb. 60). Hier können sämtliche Vorgaben übernommen werden. Die Seitenzahlen sollen rechtsbündig angezeigt werden. Der Abstand zwischen Beschriftung und Seitenzahl muss durch

Füllzeichen (gepunktete Linie) aufgefüllt werden. Für die Formatierung des Abbildungsverzeichnisses wird bei Formate von Vorlage gewählt. Die Beschriftungskategorie bestimmt, welche Art von Abbildungsverzeichnis erstellt wird. Hier erscheinen alle verfügbaren Bezeichnungen (u.a. Abb. bzw. Tab.). Für das Abbildungsverzeichnis sollen alle Beschriftungen verwendet werden, welche die Bezeichnung Abb. tragen. Für das Tabellenverzeichnis ist die Beschriftungskategorie Tab. auszuwählen.

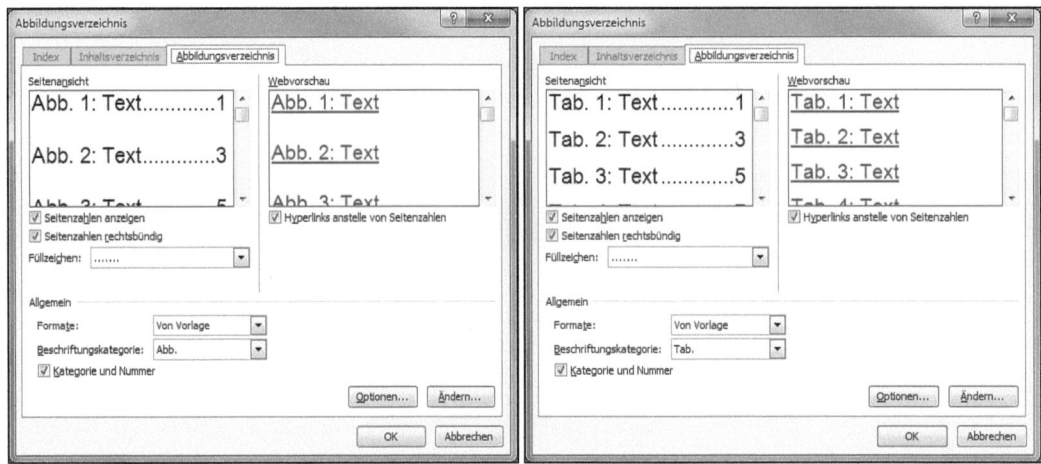

Abb. 60: Einfügen des Abbildungsverzeichnisses

Sind Änderungen bei den Verzeichniseinträgen (Abstände, Einzüge oder sonstige Formatierungen) notwendig, dann geschieht dies wieder am einfachsten, indem im aktuellen Abbildungsverzeichnis Änderungen vorgenommen werden und diese dann in der Formatvorlage Abbildungsverzeichnis Zuweisung finden. Sowohl das Abbildungs- als auch das Tabellenverzeichnis basieren beide auf der gleichen Formatvorlage Abbildungsverzeichnis. Für die Formatierung des Abbildungsverzeichnisses wird folgendes empfohlen:

- Schriftart Arial, Schriftfarbe schwarz und Schriftgrad 11
- Sondereinzug hängend um 2 cm
- Einzug rechts um 1,5 cm
- Abstand vor: 0 Pt, Abstand nach: 3 Pt, Zeilenabstand einfach
- Tabstopp 2 cm, Ausrichtung links

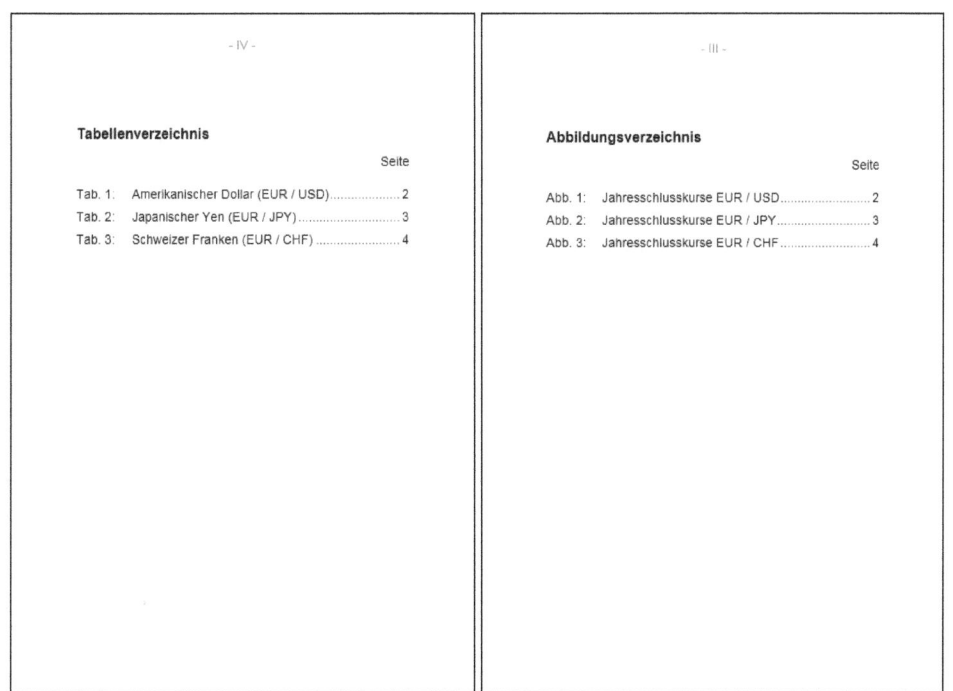

Abb. 61: Abbildungsverzeichnis und Tabellenverzeichnis

3.3.8 Fußnote

Erläuternde Sachverhalte (Anmerkungen), die für das Textverständnis nicht unbedingt erforderlich sind, können in einer Fußnote beschrieben werden. Zunächst wird die Einfügemarke an die Stelle im Text positioniert, an der das Fußnotenzeichen, eine hochgestellte fortlaufend nummerierte Ziffer erscheinen soll. Mit Verweise/Fußnoten/Fußnote einfügen wird eine hochgestellte arabische Ziffer eingefügt und die Einfügemarke springt dann in den Bereich der Fußnote.

Soll hingegen eine bestimmte Literaturstelle direkt oder indirekt zitiert werden, dann geschieht dies am einfachsten über den eingeblendeten Citavi-Aufgabenbereich. Das Ausblenden dieses Bereichs ist mit Citavi/Ansicht/Aufgabenbereich möglich. In diesem Aufgabenbereich werden unter Titel sämtliche bereits in Citavi erfassten Titel in einer Kurzform angezeigt. Der jeweils markierte Titel erscheint im unteren Bereich mit seiner vollständigen Titelangabe, die in das Literaturverzeichnis übernommen wird (siehe Abb. 62). Unter Citavi/Dokument können jederzeit sowohl ein anderer Zitationsstil als auch ein anderes Projekt ausgewählt werden.

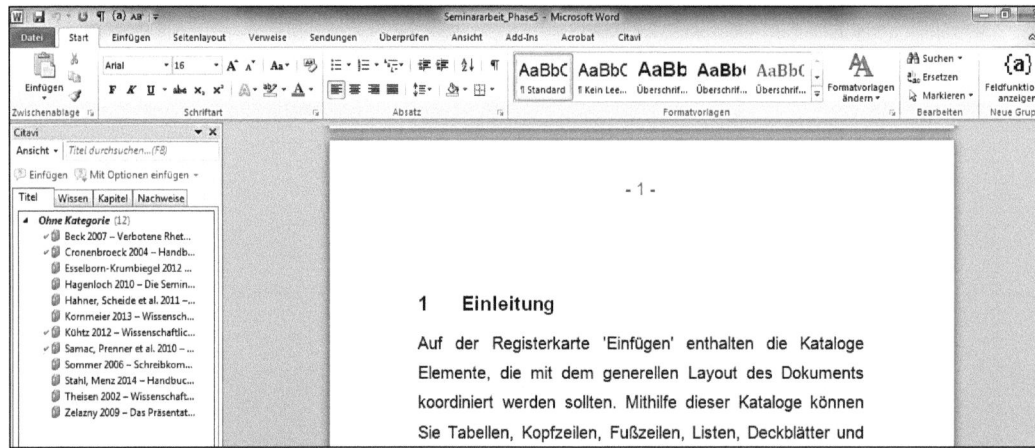

Abb. 62: Citavi Aufgabenbereich

Die Einfügemarke im Absatz wird an der Stelle positioniert, an der das Fußnotenzeichen erscheinen soll. Die Auswahl der Literaturtitel erfolgt über die Schaltfläche Mit Optionen einfügen. Hier besteht dann die Möglichkeit, bei einem indirekten Zitat ein Präfix, z.B. Vgl., dem Fußnotentext voranzustellen. Bei Seiten von-bis kann die entsprechende Seitenzahl angegeben werden. Da die Fußnote immer mit einem Punkt enden soll ist beim Suffix ein „." einzugeben (siehe Abb. 63).

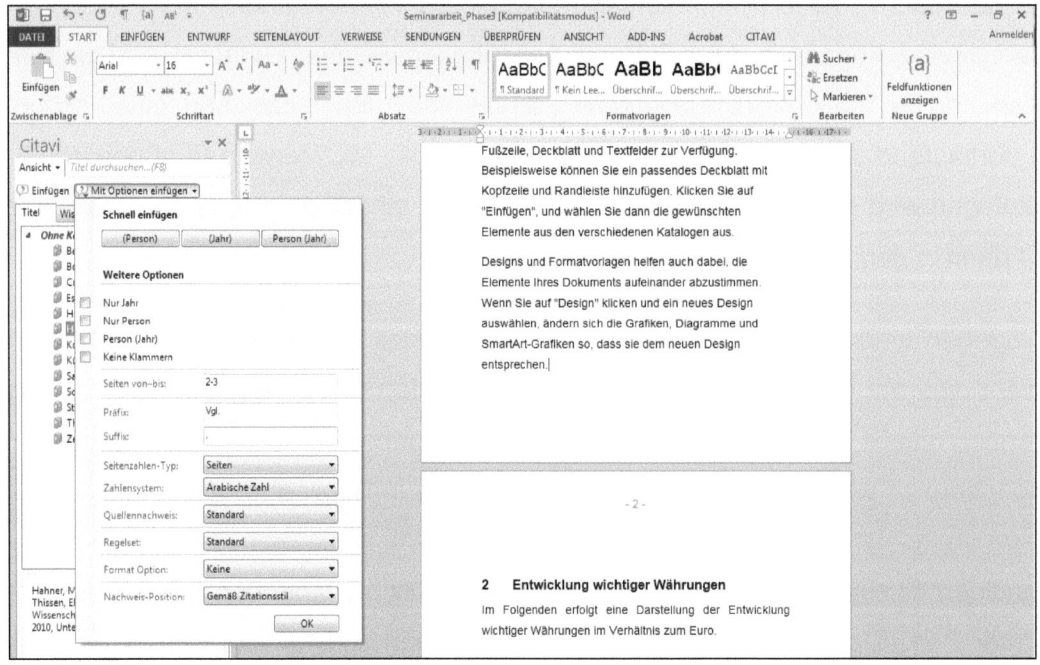

Abb. 63: Fußnote mit Optionen einfügen

Alternativ ist es möglich, mit einem Doppelklick auf den Namen des Autors oder mit der Schaltfläche Einfügen Person und Jahr in die Fußnote einzufügen. Diese Angaben können dann direkt in der Fußnote mit Vgl. und einer Seitenzahl ergänzt werden.

3.3.9 Quellenangabe bei Abbildungen und Tabellen

Ist unter einer Abbildung oder einer Tabelle eine Quellenangabe erforderlich, dann ist der Cursor in der Zeile unter der Beschriftung zu positionieren und dem Absatz die Formatvorlage Quellenangabe zuzuweisen. Danach wird die entsprechende Quelle im Arbeitsbereich von Citavi ausgewählt und die Schaltfläche Mit Optionen einfügen betätigt.

Bei einer eingescannten Abbildung (siehe Abb. 64) sind folgende Eingaben zu machen:
- Seiten von-bis: 15
- Präfix: Quelle: + ein Leerzeichen
- Nachweis-Position: Im Text

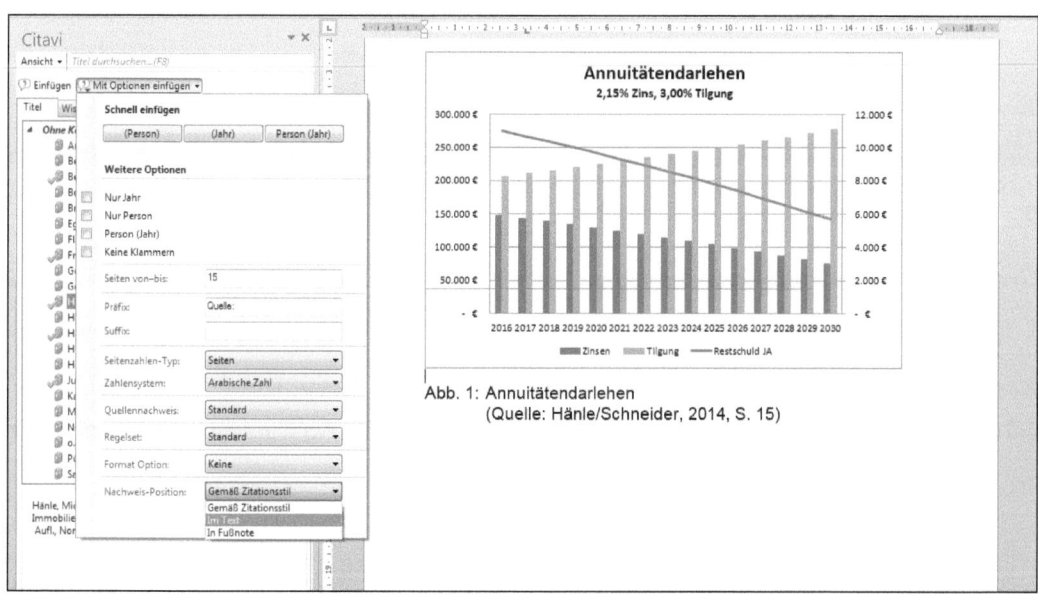

Abb. 64: Quellenangabe für eingescannte Abbildung

Bei einer selbsterstellten Abbildung, die auf fremden Daten basiert (siehe Abb. 65) sind folgende Eingaben zu machen:

- Präfix: Quelle: In Anlehnung *an* + ein Leerzeichen
- Suffix: , + ein Leerzeichen + Leitzinsentwicklung in Europa
- Nachweis-Position: Im Text

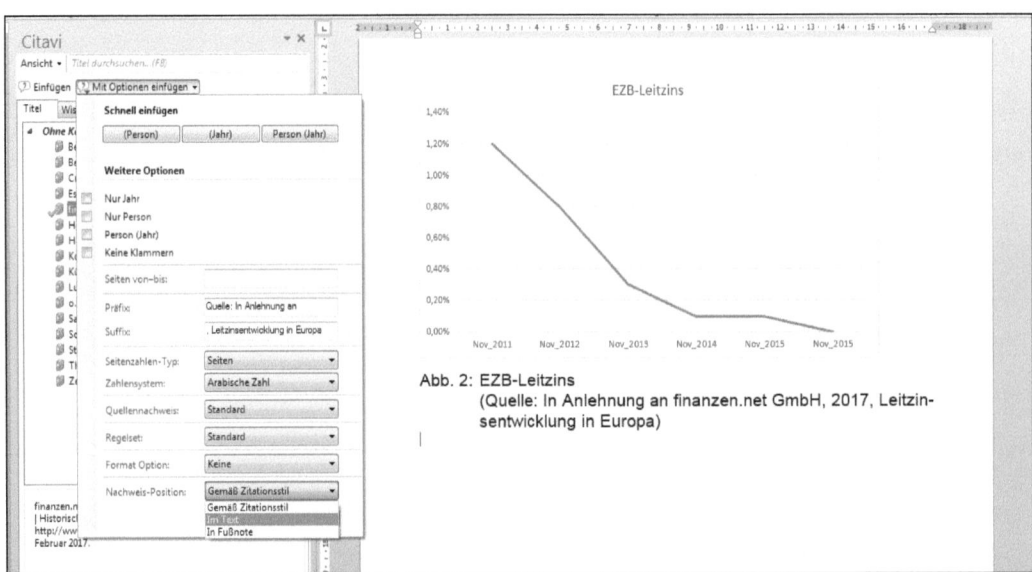

Abb. 65: Quellenangabe für selbsterstellte Abbildung mit fremden Daten

3.3.10 Silbentrennung und Rechtschreibung

Der Text wird im Blocksatz geschrieben. Daher kann es zu größeren Abständen zwischen den Wörtern kommen. Dies entspricht nicht den Anforderungen und erschwert die Lesbarkeit. Daher sollte das Dokument vor dem Ausdruck mit der Silbentrennung manuell nachbearbeitet werden, um Textstellen mit größeren Abständen zwischen den Wörtern aufzulösen.

Unter Seitenlayout/Seite einrichten/Silbentrennung/Silbentrennungsoptionen kann die Silbentrennungszone auf 0,25 cm eingestellt werden. Innerhalb dieser Zone werden die Wörter getrennt (siehe Abb. 66).

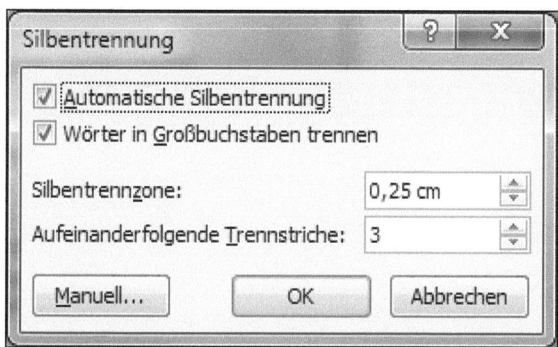

Abb. 66: Einstellungen für die Silbentrennung

Abb. 67: Trennvorschlag bei der manuellen Silbentrennung

Durch Drücken der Schaltfläche Manuell... wird die manuelle Silbentrennung gestartet und das System macht für das gesamte Dokument (inklusive Kopf- und Fußzeilen) Trennvorschläge. In der Zeile Trennvorschlag kann mit der Einfügemarke eine Option ausgewählt und mit der Schaltfläche Ja die gewünschte Trennung eingeleitet werden (siehe Abb. 67).

Word verfügt über eine automatische Rechtschreib- und Grammatikkorrektur. Dieses System funktioniert sehr gut und sollte auf jeden Fall genutzt werden. Schon bei der Erfassung der Texte werden bekannte Rechtschreibfehler mit einer roten und Grammatikfehler mit einer grünen Linie unterstrichen. Diese Fehler unterliegen einer unbedingten Korrektur. Ein Korrekturvorschlag kann mit der rechten Maustaste auf die rot-grün unterlegten Begriffe abgerufen werden. Mit einem Klick auf den Korrekturvorschlag wird das fehlerhafte Wort bzw. die Grammatik berichtigt (siehe Abb. 68).

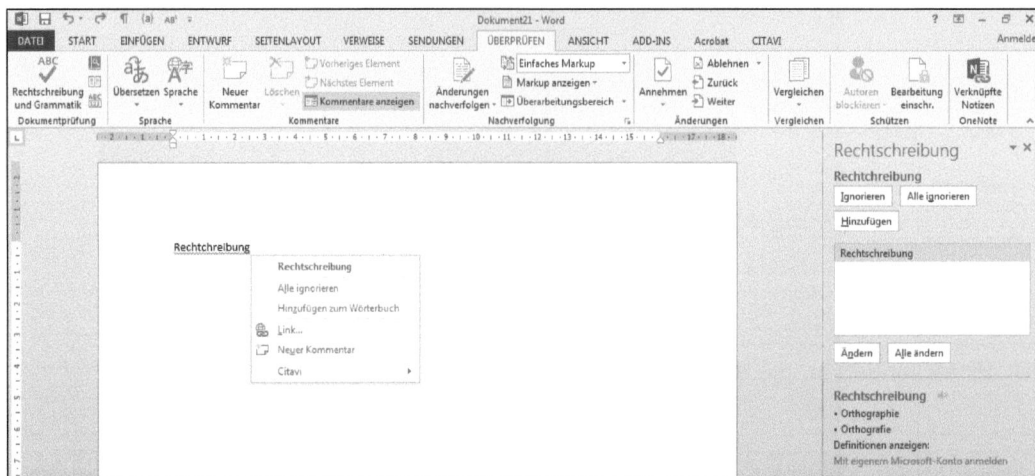

Abb. 68: Rechtschreibkorrektur mit rechter Maustaste

Word benutzt mehrere Wörterbücher. Während das Hauptwörterbuch im Lieferumfang von Word enthalten ist, wird das Benutzerwörterbuch (custom.dic) vom Benutzer angelegt und erweitert. Das Benutzerwörterbuch kann auch auf andere Rechner übertragen werden.

Vor dem Ausdruck der Arbeit sollte die Rechtschreibung wiederholt mit Überprüfen /Dokumentenprüfung/Rechtschreibung und Grammatik aufgerufen werden.

Findet die Rechtschreibprüfung ein Wort, das nicht in den Wörterbüchern enthalten ist, so wird dieses Wort als falsch deklariert und in roter Schrift dargestellt. Innerhalb der Bearbeitungsmaske (siehe Abb. 68) gibt es drei Möglichkeiten. Das ausschließliche Ignorieren eines Korrekturvorschlags führt regelmäßig in die Irre. Dies kann jedoch bei Eigennamen sinnvoll sein. Andere Korrekturvorschläge sind mit Ändern zu übernehmen oder es sollte das unbekannte Wort mit Zum Wörterbuch hinzufügen in das Benutzerwörterbuch eingetragen werden. In allen Fällen verschwindet die rote Markierung.

Wird ein Grammatikfehler gefunden, wird das entsprechende Wort in grüner Schrift dargestellt. Der Fehler kann händisch korrigiert oder durch Auswahl und Übernahme eines Korrekturvorschlags behoben werden.

3.3.11 Literaturverzeichnis

Mit der ersten Zuweisung einer Literaturquelle zu einer Textstelle durch das Einfügen einer Fußnote (siehe Abb. 63) wird am Ende des Dokumentes ein Literaturverzeichnis erstellt und der zitierte Literaturtitel entsprechend dem Zitationsstil eingefügt. Das von Citavi erstellte Literaturverzeichnis basiert auf zwei Formatvorlagen. Citavi Bibliography Entry ist für die Einträge ins Literaturverzeichnis verantwortlich und Citavi Bibliography Heading für die Überschrift. Da ein hängender Einzug von 1 cm (siehe Abb. 9) gewünscht wird, ist die Formatvorlage Citavi Bibliography Entry entsprechend anzupassen.

Die in unserem Beispieltext als Platzhalter eingefügte Überschrift Literaturverzeichnis kann jetzt gelöscht werden.

3.3.12 Ausdruck und Speicherung

Vor dem Ausdruck bzw. der Speicherung als PDF-Dokument sollte folgende Schritte unbedingt nochmals durchgeführt werden:

1. Drucker für den Ausdruck auswählen.
2. Rechtschreib- und Grammatikprüfung nochmals durchführen.
3. Sämtliche Feldfunktionen und Alle anzeigen ¶ ausschalten.
4. Gesamtes Dokument mit STRG + 5 (im nummerischen Tastenblock) markieren und mit F9 sämtliche Feldfunktionen und Verzeichnisse aktualisieren bzw. neu erstellen.
5. Überprüfung des gesamten Dokuments in der Ansicht Seitenlayout. Sind alle Abbildungen/Tabellen mit den entsprechenden Beschriftungen auf der gleichen Seite? Gibt es verwaiste alleinstehende Überschriften etc.?
6. Speichern des Dokumentes.
7. Speichern des Dokumentes als PDF-Datei
8. Ausdruck der Datei

Stichwortverzeichnis

Abbildung
   Ausrichtung 3
   umrahmen 3
Abbildungsverzeichnis 9, 53, 60, 61
   formatieren 61
   Formatvorlage 61
   konfigurieren 60
   Seitenzahl 3, 60
Abkürzungsverzeichnis
   Seitenzahl 3
Absatz
   Abstand 1
Absatzmarke
   anzeigen 44
Abschnittswechsel 49, 50
   einfügen 49
Abstufungsprinzip 7, 56
Anhang 10
   Seitenzahl 10
Anmerkungen 19
Ausdruck 68
Beispieldokument 47
Beschriftung 3, 58, 59, 61
   einfügen 58
   formatieren 59
   Formatvorlage 60
Beschriftungskategorie 61
Citavi 23
   Account 25
   Aufgabenbereich 41, 62
   Campuslizenz 24
   Installation 24
   Literaturverwaltung 31, 33
   Login 25
   Picker 23, 27
   Pickersymbol 27
   Projekt erstellen 28
   Projektdatei 27, 29, 41
   Titelangaben 31
   Word Add-In 23, 27
   Zitationsstil 34, 62
Citavi Bibliography Heading 68
Citavi Bibliography Entry 68

Darstellung .... Siehe Abbildung
Deckblatt .... Siehe Titelblatt
Dokument
   erstellen 43
   markieren 68
   speichern 35
Drucker
   auswählen 38
Einleitung 9
Erklärung
   eidesstattliche 15
Feldfunktion
   Aktualisierung 59
   AutoNumLgl 54
   einblenden 41
   einfügen 54
Fläche
   beschreibbare 2
Format
   übertragen 57
Formatierungssymbole
   anzeigen 44
Formatvorlage 53
   Bereich einrichten 39
   einblenden 44
   Quellenangabe 60
Formvorschriften 1
Fußnote 2, 62
   Ausrichtung 2
   einfügen 62
Fußnotenzeichen 62, 63
Fußzeile
   einstellen 43
   Erste Seite anders 43
Gliederung
   Gliederungstiefe 8
   nummerische 7
Grammatikkorrektur 66
Ich-Form 20
Inhaltsverzeichnis 5, 7, 8, 53, 57, 58
   aktualisieren 58
   formatieren 55
   Seitenzahl 3, 49

Interpolation ... 17
Kopfzeile
   aktivieren ... 46
   einstellen ... 43
   Erste Seite anders ... 43
Korrekturvorschlag ... 66
   ändern ... 67
   ignorieren ... 67
   übernehmen ... 67
Layout ... 1
   einstellen ... 43
Literaturtitel
   auswählen ... 63
   Internetquelle ... 12
   Monographie ... 11
   Sammelwerk ... 12
   Zeitschriftenaufsatz ... 12
Literaturverwaltung ... 29, 30
Literaturverzeichnis ... 5, 11, 23, 50
   erstellen ... 68
Man-Form ... 20
Nominalstil ... 10
Paginierung ... Siehe Seitenzahl
Papierformat ... 1
Plagiatssoftware ... 15
Quellenangabe ... 3, 58, 59
   Abbildung ... 4, 64
   Tabelle ... 4, 64
Rechtschreibkorrektur ... 66
Rechtschreibprüfung ... 67
Rechtschreibung ... 67
   Optionen ... 40
Schreibstil ... 20
Seitennummerierung ... 51
   Beginn definieren ... 51
Seitenränder ... 2
   einstellen ... 43
Seitenumbruch
   einfügen ... 46
Seitenzahl
   aktualisieren ... 58
   ausrichten ... 3, 46
   einfügen ... 46
   formatieren ... 49
   Zählung arabisch ... 3
   Zählung römisch ... 3
Silbentrennung
   manuelle ... 65, 66

Trennungszone ... 65
Trennvorschlag ... 66
Standard ... 1
   Absatz ... 44
   aktualisieren ... 44
   Ausrichtung ... 1, 44
   Formatvorlage ... 44
   Schriftart ... 1, 44
   Schriftfarbe ... 1
   Schriftgrad ... 1
   Zeilenabstand ... 1, 44
Statuszeile ... 38
Symbolleiste
   Befehle hinzufügen ... 38
   Schnellzugriff ... 36
Tabellenverzeichnis ... 9, 61
   Seitenzahl ... 3
Textteil
   Seitennummerierung ... 9
   Seitenzahl ... 49
Titelangaben ... 23, 27
Titelblatt ... 5
   Bachelorarbeit ... 7
   Seitennummerierung ... 43
   Seitenzahl ... 3
   Seminararbeit ... 6
Überschrift 1
   Absatzformatierung ... 53
   Formatvorlage ... 53, 55, 57
   Schriftart ... 1
   Schriftgrad ... 1
   Schriftstil ... 1
   Zeichenformatierung ... 53
Überschrift 2
   Formatvorlage ... 53
Überschrift 3
   Formatvorlage ... 53
Überschriften
   Formatierung ... 1
   Nummerierung ... 53, 54
Version
   digitale ... 15
Verzeichnis
   aktualisieren ... 58
   Formatvorlage ... 57
Vorlage ... 35
Word
   Einstellungen ... 36

Wörterbuch
- Benutzerwörterbuch 67
- Hauptwörterbuch 67

Zeichen
- Anzahl pro Seite 3

Zitat
- direktes 16
- indirektes 18
- Sekundär- 19

Zitationsstil
- Ebster, Stalzer 33

Zitierstrich 2

Zitierweise
- Kurzbeleg 16